保育のきほん

ゼロ・1歳児

『ちいさいなかま』編集部編

もくじ

基礎編

実践編

基礎編

ゼロ、一、二歳児の発達と生活・遊び

華頂短期大学
西川由紀子

にしかわ　ゆきこ
京都大学教育学部卒業、
同大学院教育学研究科博士後期課程単位取得。
華頂短期大学社会福祉学科
児童福祉コース准教授。
専門は発達心理学、保育学。
保育園をフィールドとして、
言語発達を中心に子どもの発達を研究。
著書に『子どもの思いにこころをよせて』
『「かみつき」をなくすためにPART 2』
（共にかもがわ出版）ほか。

ゼロ歳児、一歳児クラスの子どもたち

保育園での一年間を見とおすと、ゼロ歳児クラスには、産休明けから間もなく二歳になるまでの子どもたちが、一歳児クラスには、一歳になったばかりの子どもから三歳に近い子どもがいることになります。この、ゼロ歳、一歳、二歳の子どもたちは、どのようなみちすじをたどって発達していくのでしょうか。すべての人は共通の発達のみちすじをたどりますから、乳児を保育するにあたって「基本的な発達」を学ぶことには大きな意味があります。

でも、発達を学ぶのは、「四か月の子が四か月の力を獲得していてよかった」とか「一歳なのに一歳の力が獲得できていなくて心配だ」という感想をもつためではありません。もし「一歳の力」を獲得していないのであれば、その子にとってどういう援助、どういう保育が必要かをはっきり理解するために学ぶのです。その子が現在どの段階にいるかを知ることによって、次にどの段階にすすんでいくかがわかり、そこで必要な援助ができることが大事なのです。

二つの特徴

この時期の保育の特徴を、二つあげることができます。

その一つは、発達の変化が最もはやい時期であるということです。幼児ならおおむね一年間のスパンで発達を見ますが、赤ちゃんの場合は二か月でも大きく変化します。ですから一人ひとりの子どもをしっかり見て、その発達に応じた援助をしていくことがこの時期にはとても大切になります。

二つめは、子どもの変化が著しいだけに、保護者の不安も大きいということです。特に第一子の場合にはそれを考慮して、「大丈夫よ」と声をかけたり、「こういう工夫をしてみたら」というアドバイスをするなど、子育て支援にも力をそそぐ時期です。

六か月までの子どもたち

からだの対称性を獲得する

生まれたばかりのころの赤ちゃんは、片腕、片脚は伸びているけれどもう一方の腕や脚は曲がっている、という非対称な姿勢をとることがありますが、三か月ともなれば、あおむけのときもうつぶせのときも、四肢（手や足）が、からだの真ん中の線（鼻とおへそを結んだ線）にそって左右対称になってきます。

この左右対称は、いろんな側面で見られます。ものをつかむ把握の力としては、右手でも左手でもガラガラを握ることができます。視力や聴力でも、赤ちゃんの目の前にガラガラを出して、右側に動かしても左側に動かしても、それを追って見ることができますし、名前を、右側から呼んでも左側から呼んでも、同じように目の輝きが変わって振りかえります。

つまりからだのいろいろなレベルで、四か月くらいをめどに、左右が対称になっていきます。対称になっていない場合には、注意して見ていく必要があります。

人と関わる力の獲得

この時期、子どもたちは人と関わる力の基礎を獲得します。お腹がすいたりおしめがぬれたりすると泣き、気持ちがよくなると機嫌よく眠る子どもですが、実は、生後間もないころから、子どもはおとなの関わりを求めているのです。

その例としてミルクを飲むときの行動があげられます。ミルクを飲ませているときに、哺乳瓶から出ていた泡が出なくなって赤ちゃんが休憩をしていることに気づいて、「○○ちゃん、どうしたの？　ねむい？」「もうお腹いっぱいになったの？」と、赤ちゃんの目を見ながらたずねた経験があるのではないでしょうか？

このミルク飲みの最中の休憩行動は、正高信男氏によれば、哺乳動物のなかでヒトにのみ見られるのだそうです。つまり、ヒトの赤ちゃんは、ミルクというからだへの栄養だけでなく、他者から目を合わせて語りかけられるという心への栄養を求めているということです。

ですから、この授乳時のおとなから子どもへの語りかけは、とても大切なのです。

こうして赤ちゃんは、自分からおとなの関わりを引きだしつつ、他者と出あい、他者といっしょにいる楽しさを感じるようになっていきます。

六か月から一歳ごろまでの子どもたち

移動ができるようになる

最初の移動は寝返りです。次にずりばい（おへそを床につけて移動するハイハイ）ができるようになります。

その次に、おへそとお尻が上がって、ひざと両方の手のひらで前進するハイハイができるようになります。これを四つばいと呼んでいますが、ずりばいから四つばいに変化していくのが、およそ六か月から一歳までの時期です。

最近、歩きだすのが早くなって、ハイハイをほとんどせずにつかまり立ちをする子が増えていると言われていますが、ハイハイをすることによって必要な筋肉がつき、転びにくい歩行が獲得されるのですから、この時期にたっぷりハイハイする経験は大切です。

ハイハイをせずに座ったまま移動するケースもあります。この場合大半は、本当はハイハイができるけれど座ったまま移動しているのです。けれどもほんの少数ですが、神経系の弱さでハイハイができないこともあるので、チャンスがあれば赤ちゃん健診でチェックしてもらうと安心だと思います。

神経系に問題がなければ、園で子どもが四つばいをしたくなるような工夫をしてみましょう。斜面は座ったままでは移動できませんから、保育室や園庭に斜面を作るのも一つの手立てです。その場合、訓練としてやらせるのではなく、上に登ると楽しいことがあるから登りたいなあという気持ちを育てながら取りくむことが大切です。

親指と人差し指の機能の分化

六、七か月くらいまでの赤ちゃんは、たとえば小粒のボーロを取ろうとするとき、テーブルの上で手を開いたり閉じたりして、手のひらの全体で欲しいものをつかもうとします。それがしだいに、手のひらをテーブルの面にそわせてボーロに近づき、親指と人差し指で作る三角形の間にボーロを入れて手を閉じ、つかむようになります。

さらには、ピンチ把握といって、ななめ上からボーロに接近して、親指と人差し指でつまむことができるようになっていきます。

大好きな人をつくる力の獲得＝人見知り

移動の自由と手によるものの操作の自由が獲得されることによって、子どもたちの世界は飛躍的に広がります。それは人間としての喜びだと思うのですが、ときとして、危険と隣りあわせることにもなります。この時期は、墜落や誤飲事故が増えてきます。

同じ時期に、「特定の親しい人」をつくることができるようになってきます。一般的に「人見知り」と呼ばれている力です。大好きな人と知らない人を区別して、大好きな人に抱かれたいと思う力が人見知りです。

ハイハイで移動できるようになったり、ちいさいものをつまむことができるようになったために生じるいろいろな危険から逃れるために、その大好きな人に「こっちに行ってもいい？」「こんなもの口に入れてもいい？」と、目で合図して、「いいよ」というまなざしを受けとって、安心して行動できるということは、みずからの判断力がまだ十分形成されていない子どもにとって、とても大切なことです。

大好きな人ができると、その人と「間」をもって遊ぶことができます。たとえば、「一本橋」の歌に合わせてくすぐり遊びをするとします。一回めよりも二回めのほうがはしゃぐ反応が大きくなって、「いっぽんばし、こちょこちょ、つねってたたいて」をへて、「階段のぼって」あたりになると、まだくすぐっていないのにからだがすでにくすぐったい感じになってくるのです。

これは、くすぐられること自体に反応しているのではなく、もうすぐくすぐられるという、次に起こることを期待してワクワクするという、相手の行動を待つ姿です。この待つ時間、「間」が、人と人を結びつけるのだと思います。

この時期、大好きな人とのやりとりが、コミュニケーション能力をつくっていきますから、人見知りをすることなく、誰の膝にでも座りにいくのは心配です。

そのような場合は、担任保育士や保護者がその子と目を合わせて笑いあう時間をつくるようにしてほしいと思います。たとえば「たかいたかい」や「くすぐりっこ」など、からだを使ったふれあい遊びを通して、目を合わせて声をあげて笑いあう経験を積みかさねてください。そして、子どもにとって楽しいことがあるときいつも側にいてくれる人、つまり子どもにとって「大好きな人」「安心な人」になって、「この人といっしょにいると楽しいなあ」と子どもが感じられるようになっていくことが大事だと思います。

一歳半のころの子どもたち

各自治体で一歳半健診を行っていますが、そこでは主に、「歩くこと」「話すこと」の基礎ができているかどうかを確認します。

歩行の獲得

四つばい、つかまり立ちの次に、子どもたちは「歩く」ことに挑戦します。一瞬の一人立ちをしたかと思うと、子どもは一歩ずつ前にすすもうとします。なんども尻もちをつきながら繰りかえし歩行に挑戦する子どもたち。新しい力を獲得することは、それ自体が楽しいことなのです。

重心を左右にゆらしてよちよち歩きをしていた子どもたちは、またたくまに安定した歩行を獲得して、ときには走ったり、ボールを蹴ったりもできるようになります。子どもの活動範囲、活動内容が飛躍的に広がる時期です。

活動の切りかえしができる

この時期に獲得される力として、活動の切りかえしができることがあげられます。

たとえば色エンピツで何か描こうとするとき、エンピツを上下さかさまにして削ってないほうを紙に当ててしまうと、何も描けません。そんなとき、「あれ？　何か違うな」

と思って、エンピツを反対にして、削ったほうを下にして描く。この、「あれ？」と疑問を感じて描きなおせる、「～デハナイ～ダ」という気持ちの切り替えが、活動の切りかえしです。これは、一歳半の子どもが獲得するとても大切な力です。

指さし

ことばを話す力の土台となる指さしには、三つの段階があります。

まずはじめは、「指さし方向を見る」力の獲得です。「ほら、ねこちゃんがいるよ」とお母さんが指さすと、子どもはねこのいる方向を見ます。これは、お母さんの視線と指が指す方向に注目するという、間接性のある行動がとれるようになったということです。

次に獲得するのは、子ども自身が「あ、あ」と言って自分の見つけたものを知らせたり、自分の欲しいものを要求するなど、自分自身が「指さし」の主体になる力です。

最後に獲得するのは、たとえば絵本を見ながら、「ねこちゃんはどこ?」という問いに、指さしで答える、可逆の指さしをする力です。このように、おとなのことばによる問いを理解して指さしで答えるということは、ことばを基礎にしたコミュニケーションが成立したことを示しています。

こうやって「指さし」を繰りかえしながら、やがてことばが話せるようになり、相手に自分の気持ちを伝えられるようになっていくわけですから、この時期に、指さしするとていねいに返してもらえる経験をたっぷりすることが大切です。「お母さんや先生に伝えたいことがあったら、指さしすると、お母さんや先生はこっちを向いてわかってくれる」ということを実感すると、指さしがいっぱいでてきます。

保育のなかで、自分から伝えたくなるようなさまざまなものとの出あいが構成されていれば、子どもはより豊かなコミュニケーションの主体になれるわけです。目的地をめざすだけではなくて、道ばたの花や、排水溝の穴や、お店のショーウインドウなど、いろいろなものを発見しながら歩いていく探索散歩のように、子どもがワクワク・ドキドキして、ちょっとうれしかったり、ちょっとこわかったり、気持ちの起伏が豊かにつくられるような生活を組んでいくことが大事です。

ことばを話す

こうして指さしで思いを伝える楽しさを実感しながら、子どもはことばを獲得していきます。

その際必要なことは、伝えたい中身のある生活をつくることと、その思いを伝えたい人がいることです。何ごとも起こらない静かな時間には私たちは別段取りたてて何かを人に伝えようと思いませんし、また親しい人が側にいなければ伝えようとは思わないからです。だから、ボーッとテレビを見ているのではなく、気持ちの動く時間を保育のなかに組織することが大切です。また、気持ちが動いて視線を投げかけたとき、いつも自分を見ていてくれる人がいて、「びっくりしたね」「おいしいね」と共感してくれることが大切です。

けれども子どもに共感するあまり、おとなが子どもの思いを先読みしてことばをかけ、環境を整えてしまうと、かえってことばの獲得が遅くなることもあります。子どもが行動の主体になれない環境になっているということです。そういう意味では、おもちゃを借りたい気持ちと、貸してあげたくない気持ちがぶつかりあったりする集団保育の場は、子どもが自分の思いを表現する力を育てる絶好の場だと考えられます。

だだこね

子どもの「〜したい」という自己主張が、ときにはおとなの思いとぶつかって、「だだこね」と呼ばれることがありますが、この「〜したい」という気持ちは、とても大事な発達の力です。

一歳前半の子どもたちは、直線的に自己主張します。相手に自分の気持ちが伝わらないことに腹を立てているかのような主張です。

それが一歳半ばになると、おとなが近づいてきたときに大声で泣くなど、おとなの関心を引きやすいように工夫しながら、だだこねをするようになります。願いが聞きいれられることを期待して思いをぶつけるという、人とつながろうという力がこの時期のだだこねにはあるのです。

ですからこのような場面では、「〜したいんだね」と、いったん子どもの思いを受けとめてから、おとなの事情や要求を子どもに伝えることが大切です

かみつき

子ども同士の主張のぶつかりあいは、ときには「かみつき」に発展することもあります。多くの場合、「かみつき」には理由があります。「このおもちゃが欲しい」「とられた

くない」などの思いをとげるためにかみついてしまうのです。まだことばで訴えきれない時期だからこその現象ですから、子どもと子どもがつながれるよう、おとながていねいに子どもの思いを読みとり、子どもの思いを受けとめていくことが大切です。

一方、理由がわからない「かみつき」をひんぱんに行う子がいる場合は、保育者は神経を使うことと思います。そんなとき、現象としての「かみつき」を減らそうとすると、保育室はピリピリした空気になってしまいます。その子のかみつきたい気持ちがなくなるよう、できれば小グループでその子が大好きな遊びをみんなで楽しむなど、楽しい時間をつくる努力をしていくことが大切です。

一つひとつのケースに応じたかみつきの対応を考えていくためには、担任同士の話しあいが基本ですが、園全体に状況を理解してもらって、保育の援助に入ってもらったり、ヒントをもらったり、みんなの力を出しあうことが大切です。保護者への対応なども、それまでの経験を生かして、担任を中心に園全体で考え、どの子にとっても、どの保護者にとっても保育園が心地よい生活の場となるよう、工夫をしていく必要があります。

二歳半のころまでの子どもたち

全身でバランスをとって動く

二歳を過ぎたころの子どもたちは、たとえば、公園の花壇を囲っているレンガの上を両手を広げてバランスをとって歩いたり、少し高いスロープを両手をついてはいのぼったり、全身でバランスをとって動きまわるようになります。

道具の使用、手・指の操作

スプーンやフォークで食べものを口へ運んだり、はさみを使ってみたり、おもちゃの包丁を使ってねんどを切るなど、道具の使用ができるようになります。
ちぎる、切る、まるめる、のりで貼るなど、手・指の操作ができるようになり、造形活動が楽しめるようになります。

二次元の認識

「おっきいとおっきくない」「いっぱいといっぱいじゃない」というように、「大と小」「多と少」などの比較ができることを、二次元の認識といいます。
この基盤になるのが「いっしょ」ということです。子どもたちは「いっしょ」が大好きで、保育園ではいろいろな場面で「いっしょ」を探して喜びあっていますが、これはとても大切なことなのです。そこから「こっちのほうが大きい」とか「こっちのほうがいっぱいだ」という意味づけができるからです。

自分のことが大好き

子どもたちは、自分のことも大好きです。
たとえば、保育室で子どもたちの絵を見ていると「こっちきて」と私の手を引いて、一枚の絵を指さす子どもがいます。その絵こそ、彼女が描いた絵なのです。自分が描いたからその絵がすばらしいのです。ほかの子と比べて、よりうまいとか少しへたとかいう、他者との比較をしないからこそ、このころの子どもは自分が大好きになれるのです。ほめられることがじょうずで、「じょうずね」と声をかけると、満面の笑顔を返してくれる時代です。

自分が大好きで、はっきり「○○ちゃんの！」と自己主張することは、決して他者を大事にしないことではありません。自分が大事にできているとき、自分がみんなから大事にされていることをわかっているとき、子どもたちは他者に対してやさしくなり、ときには「ゆずってあげる」力を見せてくれます。大好きなおやつを、大好きな人に分けてあげる場面など、おとなが感激するほどの力を見せてくれるのです。

ことばの飛躍的発達

二歳になると、子どもたちは、「ワンワン、いた」というように、知っていることばを組みあわせて、短いことばの表現をすることができるようになってきます。一歳のときに比べればたくさんしゃべれるようになってきますが、このころはまだ、「そうだね、ワンワン、かわいかったね」「ワンって言って、びっくりしたね」と、保育者が仲立ちすることで、友だち同士のやりとりがスムーズにいく段階です。

二歳半ばになれば、ことばで要求したり、ことばで「○○ちゃん、お肉、いっぱい食べたなあ」と、過去の体験を語ったり、「○○ちゃん、知ってる！」と、自分の心のようすをことばで相手に伝えることができるようになり、おとながことば足らずのところを補えば、かなりの内容を伝えることができるようになります。

また、こちらのことばも子どもにしっかり伝わって、保育者を中心にして意思の疎通をはかりつつ、友だちと遊べるようになってきます。

ごっこ・みたてつもり遊び

二歳児はとてもよくごっこ遊びをします。

保育園に勤める卒業生からこんな話を聞きました。

クラスの子どもが、ホールでワニになってずりばいをして歩きまわり、人間役の子どもと追いかけっこをしたりして遊んでいたときのこと。人間役の子からエサをもらっていたワニ役の子が、勢いよくエサを食べすぎて、人間役の子どもの手をガップリかんでしまい、びっくりしたそうです。この子は、ワニになりきっていたのでしょう。また、別のワニ役の子は、追いかけっこの末、つかまえた人間役の子の背中をかんでしまったそうです。

子どもたちのごっこは、私たちのイメージするごっこの世界よりずっと本気で、虚構の世界と現実の世界が入りまじったような世界を楽しんでいるのだと思います。どこまでが「つもり」の世界でどこまでが本当のことかわからないはざまの世界だからこそ、楽しいのだと思います。

この、ごっこ遊びやみたて・つもり遊びは、現実ではない虚構の世界を頭に思い浮かべる力の表れであり、この力が、のちに豊かな想像力・創造力に発展していくのです。

子どもたちには、ごっこの世界で十分に遊んでほしいと思います。

子どもが生活の主人公になることを保障する大切さ

どの時期の保育にも共通することですが、ことばで思いを十分に伝えられないこの時期の保育では、とりわけ、おとなの都合を優先することなく、子どもの気持ちを尊重して、子どもを生活の主人公にし、子ども同士の気持ちのやりとりをていねいに読みとって、ときには子どもの思いをことばにして仲立ちをするおとなの役割がとても大切です。

子どもたちは意思のある人となってその意思を相手に渡せるようになってきているのに、その思いをくみとるひまもなく保育者があわただしく保育室を動きまわっていては、せっかく芽生えはじめた思いを伝える力がまた眠ってしまうことになりかねません。

子どもがふと、おとなを求めて振りかえったとき、そのまなざしを逃さず受けとめるために、どう工夫したらいいのでしょうか。最も簡単な解決方法は、保育者の配置を増やしてもらい、ちいさなグループで子どもをていねいに見ることです。それは乳児のみならず、あらゆるクラスの保育者の切実な願いです。

その願いが実現するまで、現行の基準のなかでできるだけ質のよい保育をするために大切にしたいことは、保育者間の連携です。なかでも欠かせないのが、担任間の話しあいです。ゼロ・一歳児クラスは、ほとんどの場合、複数担任です。その担任同士がいい関係をもっているときの保育室の心地よさは、まちがいなく子どもたちに伝わります。

理想の保育に近づくために、その保育園のその保育室で、この子どもたちとの安定した楽しい生活をどう努力してつくっていったらいいのか、担任同士がしっかり話しあい、それを指導計画としたとき、保育者は安心して子どもに向きあえるのだと思います。たとえ意見の合わないところがあったとしても、どの保育者もいい子に育ってほしいと願っていることでは共通していると、元保育士の射場美恵子さんは指摘しています。

子どもの発達の順序性を学び、一人ひとりに必要な援助を確認しあい、子どもたちが生活の主人公になるために、どういうタイミングでどんな援助をしていくかを保育者同士が共有できたとき、子どもにとって最高に楽しい生活が展開されるのだと思います。

参考文献
『0歳児がことばを獲得するとき』（正高信男　中公新書）
『子どもの思いにこころをよせて』（西川由紀子　かもがわ出版）
『「かみつき」をなくすために保育をどう見直すか？』（西川由紀子・射場美恵子　かもがわ出版）

ゼロ、1、2歳児

発達のみちすじ

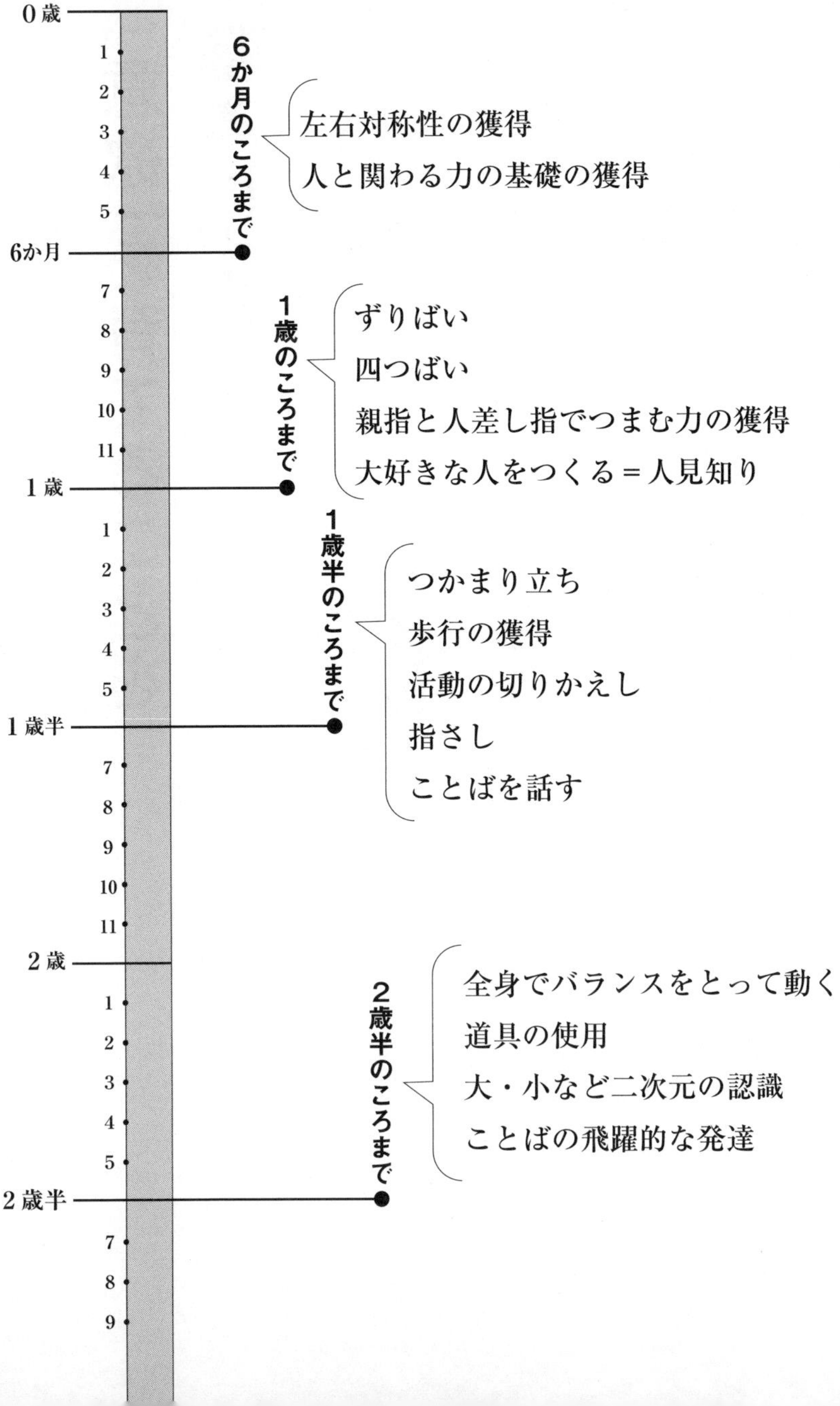
0歳
1
2
3
4
5
6か月
7
8
9
10
11
1歳
1
2
3
4
5
1歳半
7
8
9
10
11
2歳
1
2
3
4
5
2歳半
7
8
9
6か月のころまで
左右対称性の獲得
人と関わる力の基礎の獲得
1歳のころまで
ずりばい
四つばい
親指と人差し指でつまむ力の獲得
大好きな人をつくる＝人見知り
1歳半のころまで
つかまり立ち
歩行の獲得
活動の切りかえし
指さし
ことばを話す
2歳半のころまで
全身でバランスをとって動く
道具の使用
大・小など二次元の認識
ことばの飛躍的な発達

「意欲」を育てることを基本にすえて

愛知・ほしざき保育園園長
千葉恵子

ほしざき保育園は名古屋市南区にあるゼロ歳児（産休明け）から五歳児までの認可保育園です。定員は一二〇名ですが、年度の途中に産休明け・育休明け保育所入所予約事業を実施しているため、毎年一三八名ほどの子どもたちが在籍します。そのうち三歳未満児は約五〇名です。開所時間は七時から二二時までで、障がい児保育、休日保育、地域の子育て支援活動も行っています。

乳幼児期を人間として生きる力の土台を育む時期としてとらえ、園の「子ども像」を保育目標にし、親子にとって「安心・安全・笑顔」を大切にして保育をすすめています。

「人として生きる力の土台を育てる」ためのおとなの役割

ゼロ歳児・一歳児を大きくとらえると、人として生きる力の土台を育てる時期です。ゼロ歳時期は生まれたばかりの命、その命を大切に育む時期としてとらえ、子どもをいっぱいかわいがり、愛して育てることを基本にしています。

産休明けで入所した子どもたちはまさに命そのものです。二か月前まではお母さんのお腹の中にいたのです。そう思うと命の尊さと保育の責任の重さを実感します。

ゼロ歳時期の一年間ほどめまぐるしい成長はありません。生活、運動発達、ことば、人との関わり、遊び。子どもにとってはすべてにおいて初めての体験、出あいになるわけです。保育者自身、常に新鮮な気持ちで子どもたちに関わりたいと思っています。

一歳児になると、なんといっても自我がでてきて、さらに人間らしくなってきます。「自分で！」と叫ぶように主張する姿はなんとすばらしいことか。ことばが出はじめ、ことばでのコミュニケーションが楽しくなりはじめます。歩くことそのものをうんと楽しませたい時期です。受け身的だったゼロ歳時期にくらべ、いろんな場面で主体的な姿が開花してきて活動的になっていきます。ベテラン保育者は大好きだといい、若い保育者は子どもとの格闘に日々悩むという、一歳児保育でもあります。

子育てや保育をしていくうえで、「子どもを理解すること」「子どもの発達を学び、見とおしをもつこと」は不可欠です。

たくさんの育児書が手に入るのは、子育て初体験の父母にとってはありがたいことですが、同時に、育児書どおりにならないことも多く、不安や悩みにつながることも多いのではないでしょうか。

このことは保育者も同様です。「ミルクが飲めない」「眠れない」「泣いてばかりいてどうしたらいいのかわからない」……子どもに嫌われているのではないかと落ちこんでしまう、という声を耳にします。

そんなときにいつも職員や保護者の方に言っていることが二つあります。

一つは、「長い人生のなかのまだ生まれて数か月だよね。まだ一年、二年だよ。ゆっくり育てようね。ゆっくり見守っていこうよ。きっとミルクも飲めるようになるから。ぐっすり眠れるようになるから」ということです。

二つめは、「人間だからいろいろあっていいんじゃないの。それぞれに個性があって、育児書どおりには育たないよ。人はマニュアルでは育たないんだよ。目の前の子どもの姿をしっかり見つめて、子どもが何を願っているのか、子どもの真の要求に気づくことが大切だよ」ということです。

つまり「人として生きる土台を育てる」ためのおとなの基本的な役割は、「心から、子どもを慈しみ、理解し、見守り、子どもが安心して自分をゆだねることができる存在になる」ことだと思うのです。

子どもが意欲的に過ごすためのおとなの存在

私たちの園がとりわけ大切にしているのは子どもの「意欲」です。そして「意欲を育てる」ことは、子どもの「意思・要求を尊重する」こととつながっていると考えています。

「意欲」が育つ源は「生理的欲求の充足」、つまり「快食」「快眠」「快便」の保障と健康なからだづくりですが、毎日の生活のなかでこのあたりまえのことを、ゆっくり、ていねいに繰りかえしていきます。そのさまざまな局面で、子どもの「意思」を尊重しながら働きかけるよう心がけ、そのための環境づくりも行っています。

途中入所児が多く、ゼロ歳児クラスも一歳児クラスも毎年ほぼ一八名が在籍するわが園。乳児クラスは、基本的にはグループ担任制をとっています。ゼロ歳児は三対一、一歳児は四対一の体制です。

時差勤務で保育体制を組みますが、一人の子どもに関わるおとなの動きが煩雑にならないよう、クラス内で連携しています。食事や午睡時間はできるだけ同じ保育士が関わるようにし、遊び、散歩などの取りくみは、安全管理の視点からも複数の担任で行います。子ども同士の関わりを広げて、子どもたちと保育士たちで遊びが楽しく展開し、豊かな経験を共有できるように、さまざまな工夫をしています。

子どもたちが意欲的に「生活・遊び」に向かうために欠かせないのは、「この人といると心地よい」という安心感をもてるおとなの存在です。子どもにとって安心できる存在というのは、「どんな自分でも受けとめてくれる、大切にしてもらっている」という実感を、日々の生活のなかでからだの中に蓄えていくことだと思っています。

子どもたちの要求に気づく

子どもの「意思・要求」を尊重するとは、具体的にはどういうことでしょう。

ゼロ歳児クラスの担任が書いた「ゼロ歳児保育のまとめ」のなかの一文を紹介しながら考えてみたいと思います。

――夏本番、プールの季節がやってきました。初めてのプール遊びに、私はワクワクして園庭にビニールプールを出し、ぬるま湯をはって準備しました。

I君、M君、K君、Hちゃんは平気でぱちゃぱちゃと水面をたたき、しぶきをあげて楽しんでいます。

でも、Miちゃんは一人大泣きです。なんとか水遊びを楽しんでほしいと、翌日から、足から少しずつ水に入ってみました。沐浴はどうかな？　ちいさいたらいにお湯を張ったらどうかな？　など、プールを楽しんでほしいという思いで、いろいろ挑戦してみました。

少しずつ慣れてきたのか、日に日に泣くことは少なくなっていきました。でも子どもたちをよく見てみると、水遊びを楽しんでいるというよりも、プールの出入りを繰りかえしていたり、園庭に出ていって保育者に追いかけられることを楽しんでいるのです。園庭に出ていった子を「プールから出ないでね」と連れもどしたりしながら、これで水を楽しめているのかな、と考えこんでしまいました。子どもたちは、水遊びを楽しんではいるけれど、本当にやりたいことは、ハイハイしたり、つかまり立ちしたり、もっとからだを使った遊びではないかな？　と思いました。

そこで無理に水遊びをせずに、夏まえからずーっと楽しんできた「まてまて遊び」や「かくれ遊び」を楽しもうと思いました。部屋の中に大きなレースのカーテンを取りつけ、大胆に「いないいないばあ遊び」をしてみました。これが大ヒットで、繰りかえし追いかけ遊びやいないいないばあ遊び、かくれ遊びを楽しみました。

夢中になって楽しい遊びをしているときは、少々ぶつかっても平気です。追いかけ遊びの最中にごつんとぶつかったMiちゃんとNちゃん。アッと思った瞬間、私がイタイイタイとこめかみのあたりを押さえると、その仕草がおもしろかったのか、二人は声をたてて笑いだしました。そんな二人がかわいくて私も思わず笑ってしまうと、ぶつかって痛かったことなどすっかり忘れたようす。また、「まてまて～」と追いかけると、勇んで逃げていく二人でした。――（ゼロ歳児クラスのまとめより）

「夏の保育は水遊び」とつい思いこんでしまう保育士たち。そして水が苦手な子にもなんとか楽しんでほしいと、保育の工夫をします。そんなときちょっと立ちどまって、「今、子どもたちの要求は何？」と考えてみた実践です。目の前の子どもの姿から、子どもの要求に気づいていきます。保育士の気づきから、楽しい遊びや子ども同士の関係が広がっていくようすが記録されています。

目の前の子どもから出発すること――これは誰もがごくあたりまえのことと思っているのですが、ときとして子どもに「こうなってほしい」「こんな力をつけてほしい」という願いが強くなり、願いが先行してしまいがちです。そうなると、子どもの心に気づかないまま、できる力を求めてしまうことがあります。また、子どもの「できる・できない」姿が保育者の保育力量としてまわりから評価されると思っているのではないか、と危惧することがあります。

そうならないためにも、保育者自身が、自分はどれだけ子どもたちと笑いながら遊んでいるか、子どもにやさしく語りかけているか、子どもが安心して身をゆだねてくれているか、など、日々、自分の保育を振りかえることが大切だと思います。

また、超長時間保育を行っている保育園では、いつでも担任がいるとは限りません。クラスごとに対応するパートの保育者の存在も重要です。朝・夕そして夜間保育は、毎日同じ方に保育をお願いすることによって、子どもたちの安心感が育ちます。

子どもたちが、「ゆっくりでいいから、しっかりと自我を太らせる」「自分から外界に関わっていく力をつけていく」ことを、職員集団全体でサポートしていかなければなりません。そのためには、職員者集団の子ども観、保育観を共通のものにしていくことが重要になります。日々の保育の具体的場面での子どものようすや保育士の関わりを記録として残し、自分たちのことばかけや関わり方が、「子どもたちのことを大切にしている」と実感できるのかどうか、実践検討することが求められています。

「意欲」が生まれる保育環境

ゼロ・一歳児の子どもたちが自らの要求でたっぷり遊べるためには、どのような保育室がいいのでしょうか、そしてどのような環境を用意したらいいのでしょうか。また、活動への意欲をうながすためには、何が大切なのでしょうか。

基本は、安全で清潔であること、なおかつ落ち着いて生活できる環境です。そのために、たとえば家具やおもちゃ棚の材質や色目も大切にしなければならないし、空調などにも配慮が必要です。

では、遊ぶ意欲をうながす教材や、遊びコーナーについて考えてみましょう。

子どもたちの活動の意欲は、興味・関心・要求などから生まれます。とくにゼロ・一歳児の子どもたちの場合は、見る・聞く・触るなどの五感を育てることが重要です。手指の操作や機能をうながし、運動発達をうながすことも大切です。

幼児たちが鉄棒で遊んでいるようすをじっと見ている一歳児。幼児たちが公園に行ってしまうと、すぐに鉄棒のところに行って、うれしそうにぶらさがろうとします。そんな姿を見て、一歳児の「やってみたい気持ち」「興味がふくらんで行動する気持ち」を大事にしたいなあと、改めて思います。

それまでは見ているだけだったつりおもちゃは、やがて触って振りまわすつりおもちゃになり、腹ばいで見ているだけだった棚のおもちゃは、やがて自らハイハイして手に入れるおもちゃになり、なめていただけのおもちゃは、やがて手の操作で音が出ることに気づいていきます。こうして、振ったり、転がしたり、追いかけたりして、自ら遊びをつくっていく力が育っているのです。

一歳になると、手指の操作も少しずつ巧みになってきます。そしてみたて遊びも始まります。木のパズルや、マジックボード、ビーズリング、ブロック、ままごと、人形なども用意します。そしておもちゃは、できるだけ取りあいにならないように、コーナーをつくり、数、量もたくさん用意します。

おとなから与えられたおもちゃで遊ぶのではなく、子ども自らが選んで遊ぶためには、常に子どもたちの目線の先におもちゃ（おもちゃ棚）があること、そして手を伸ばせば届くことが大切です。朝、「おはよう」と登園したらすぐに、自分の好きなおもちゃで遊びはじめる子どもたち。ゼロ・一歳児期から、おもちゃを常に保育室に常設しておくことで、「今はできないけど、いつかやってみたい」と思う心が育ち、遊びへの意欲につながっていくのだと思います。

やがて幼児になったときに、ごっこ遊びの得意な子、手先が器用でものをつくりだすことが好きな子、イメージをふくらませて考えながらつくりだすことが好きな子、ゲーム（将棋、オセロ、トランプ、カードなど）やパズルが大好きな子など、さまざまな〇〇博士が誕生していきます。

「かみつき」──子どもへの対応・保護者への対応

一歳のお誕生日を過ぎたころから、かみつきが始まります。他者を認識しはじめるころからのようです。原因のほとんどは、自分の遊び・行為をじゃまされたという「勘違い」です。かんだほうは、おもちゃで遊んでいる子は目に入らず、おもちゃしか見えていないので、かむつもりではなく、おもちゃが欲しかっただけということのようです。

そして成長していくにつれ、「こうやって遊びたかった」、「この子と遊びたかったのに、じゃまをされた」というように、意思や要求がはっきりしてくることによるトラブルが原因になってきます。そして二歳児クラスの後半からことばのやりとりができるようになり、かみつくという行為は減ってくるのがわかります。

対応策としては、かまれた子の手当てが一番です。まずは流水で洗って冷やします。そのあとに漢方薬をつけて炎症をおさえます。

かむ子への対応は、そのときの状況や月齢に応じて異なります。「そこに手があったから（じゃまだったから）かんだ」というようなこともあるなど、ケースによって理由はさまざまです。

この子はまたかむかもしれないと思うあまり、子どもを「監視」するようなことがあってはなりません。園での生活や遊びを、一人ひとりの子どもにとって満足いくものにすることで、かみつきも軽減できていくと思います。

保護者への対応では、かまれた子どもの保護者には「保育者が気づくのが遅れ、トラブルを止められずかまれてしまったこと」をお詫びします。

以前、ひんぱんにかまれる子どものご両親から「とてもつらいので、なんとか対策を取ってほしい」という要望が出されたことがあります。そのとき私たちはその子を守る対応をして、なるべく保育者のそばで過ごすようにし、かみつきやすい子との接触を避けるような対策をとったのですが、その両親からは、「そういうことではない」と再度申し入れがありました。要するに、「かんでいる子どもの親はその事実を知っているのか、園として伝えているのか」を知りたいということだったのです。

保護者には、一歳児期は発達の過程でかんだりかまれたりすることがある、と伝えているので、ある程度理解されていて、お互いさまだからという暗黙の理解・了解があると思っていたのですが、時代も変わり、以前とは違う要望に少々とまどいました。

状況によっては、双方に伝えたほうがいい場合もあります。ひんぱんにかむ子の場合は、保護者にもその旨を伝えて、原因や対応について懇談するようにしています。「かまれたときは伝えてもらっているが、かんだときも教えてください」という声が聞かれるこのごろです。保護者同士のよりよい関係をつくることで、親同士のトラブルにならないようにしたいものです。

食べる機能の発達と援助

らく相談室
山崎祥子

やまさき　さちこ
1948年生
言語聴覚士。らく相談室を池添素氏と主宰。
乳幼児から高齢者までのコミュニケーション障害の
相談指導を行っている。主な著書に
『新版子どもの障害と医療』(共著、全国障害者問題研究会出版部)
『じょうずに食べる－食べさせる』(芽ばえ社) など。

赤ちゃんは生まれてすぐ、おっぱいに吸いつきます。これは胎児期から生まれてすぐ乳汁が「飲める」ように準備がされているのです。でも離乳食から始まる「食べる」は、生まれてからの学習です。発達の道筋は同じでも、子どもによってゆっくり発達したり、偏りが見られることがあります。しっかりかんでおいしく食べることができるまでには、ていねいな援助が必要で、時間がかかります。

ところが、目の前の子どもの発達はさておき、月齢に合わせてどんどん離乳食がすすめられることがあります。また早く自立させたくて、早くからスプーンやおはしを持たせ、自分で食べることがすすめられることがあります。そんな子どもたちのなかに、幼児期になってもかまないで丸呑みしたり、口に溜めて飲みこまないでいる子どもたちがいます。

この場合には、「口」だけに注目していてもよい援助はできません。子どもの発達全体と、食事の内容、食器、食べさせ方など、環境を見なおすことが求められます。そして何よりも、予防的にしっかりかんでおいしく食べる子になるように、赤ちゃんのときからゆっくりていねいに育てることです。

今回は、乳児の食べる機能の発達とその時期に注意してほしいことを述べていきます。

かむ力の発達

咀嚼とは、食べものを粉砕して、唾液と混ぜ、食塊を形成するまでを言います。咀嚼は、離乳中期に見られる、口に入った食べものに塊を感知すると、舌で上顎に押しつけてつぶして食べる「舌食べ」から始まります。

歯茎で咀嚼する「歯茎食べ」は離乳後期、一歳以降歯が生えるに従って「歯食べ」に入っていきます。でも奥歯でしっかりすり潰しができるまでには、臼歯全体が生えそろう三歳ごろまで、時間をかけてゆっくり発達するのです。

では、赤ちゃんの発達を追って、口の機能や食事の内容を見ていきましょう。

I　哺乳期のころ――おっぱいを飲んでいる赤ちゃん

赤ちゃんは乳首を口に入れ、サラサラのおっぱいを飲んでいます。口の容積は狭く、乳首を上顎のくぼみや頬のふくらみと舌で固定し、舌を前後に動かすことで鼻呼吸しながらおっぱいを飲みつづけます。このおっぱいしか飲めない時期から、離乳に向けて準備がされていきます。

さて、離乳食は、スプーンでもらいます。スプーンが口に入らなくては、離乳食は始められません。新生児の赤ちゃんはお母さんの乳首、または哺乳びんの乳首を口に入れて乳汁を飲みますが、最初は乳首以外のものは受けつけません。でも、赤ちゃんの口には乳首以外のものが触れる機会があります。口を拭くガーゼ、お母さんの指、おもちゃ、そして自分の手や指などです。乳汁しか飲めない時期から、いろいろなものが唇に触れ口に入る経験を通して、スプーンが口に入る準備がされていきます。

赤ちゃんによっては病気や障害のために経口摂取ができなかったり、離乳を遅らせる場合があります。そんな場合も、スプーンで離乳食が食べられるように準備はしておきたいものです。口にいろんなものを触れさせて、過敏を取りのぞいておきましょう。

Ⅱ　離乳初期――タラタラのおもゆから

離乳食はスプーンでトロミのあるものをごっくんするところから始まります。子どもは、スプーンを目でとらえてタイミングよく口を開けます。お母さんから食べさせてもらうやりとりを通して、コミュニケーションもじょうずになっていきます。このころの舌の動きは前後運動で、口の中に入った食べものを前から後ろへ送ります。初期には唇を半開きのまま飲みこみますが、やがてしっかり唇を閉じて飲みこみます。唇をしっかり閉じると、舌の動きが引きだされます。

この時期に大切なことは、ちいさなスプーンで舌の上に離乳食がのるように、子どもが唇を閉じるのを待って引きぬくことです。とろみは、タラタラ状からダラダラ状へとだんだん水分をとばした状態へとすすめます。

Ⅲ　離乳中期――舌で押しつぶせる軟らかさ

七、八か月の赤ちゃんは、口に入った食べものに塊を感知すると、唇を閉じ、食べものを舌で上顎に押しつけてつぶして食べます。「舌食べ期」の始まりです。

さて、スプーンにのった食べものを上唇でこそげとることで、舌の前方に食べものがのります。両唇を閉じ、舌にのった食べものを上顎に押しつけます。このとき、舌と上顎は食べものの硬さなどの性質を感知するセンサーの役目をします。

ヨーグルトのような軟らかく滑らかなものはそのままごっくん、軟らかいけど形のある豆腐のようなものなら舌で押しつぶして擦りあわせ、唾液と混ぜます。舌の上下運動につれて顎も上下に動くので、モグモグできるようになります。

この時期の舌の動きでは、まだ唾液と混ぜる力は弱いのです。そこで、舌でつぶれる軟らかさとトロミのある調理が必要です。離乳初期食は、タラタラしたポタージュスープようのもので、どこの家庭でも米やパンなどを粥にしたものが中心です。バラエティがない分、失敗はありません。

ところが、離乳中期食に入ると食材や調理方法がぐんと広がるため、ときには子どもの発達に合わない食事内容や食べさせ方が、この時期に起こります。

きざみ食や舌で押しつぶせない硬いものをあげたり、たくさん口に入れたり、奥の方に入れるなど、与え方が適当でなければ、食欲のある子はモグモグせずに、そのまま飲みこんでしまいます。

大切なことは、いちどに大きなスプーンでたくさん入れない、奥に入れない、硬いものはきざんでも唾液と混ぜて食塊にすることはできず危険でもあるので、きざみ食は避けることです。モグモグしなかったら、Ⅰ、Ⅱ、Ⅲを見なおしてください。

離乳食の軟らかさは、赤ちゃんの舌で押しつぶせるように、お母さんの指で押して簡単につぶれるくらいの軟らかさから始めてください。きれいに押しつぶした根野菜やいも類をスプーンでちいさくまとめてあげるといいでしょう。

Ⅳ　離乳後期──軟らかい固形物を歯茎でかむ

離乳後期の歯茎で咀嚼する「歯茎食べ」は九か月〜一一か月ごろから始まり、一歳以降歯が生えるに従って咀嚼運動がだんだんじょうずになっていきます。

舌で押しつぶせない硬さを感知すると、舌の左右運動で食べものを奥歯に運びます。食べものは頬と舌で歯茎の上に保持され、何回か繰りかえしかむことができます。そして粉砕された食べ物を舌の上に移動させ、唾液と混ぜ食塊をつくります。

この時期は歯茎でつぶせる程度の調理が必要です。でも、唾液と混ぜるのはまだそんなにはじょうずではないので、とろみが必要です。軟らかすぎると歯茎でかむ学習がすすまず、繊維が多いものや薄い葉っぱはかめないので丸呑みしたり、上顎に押しつけられたまま取れなくなっていたりします。

大切なことは、歯茎でかみ切れない繊維質のものは避け、軟らかい固形物を中心に、唾液と混ざりやすいようにとろみをつけたり、ジューシーなものを与えることです。

具体的には、焼き魚よりは煮魚、生野菜より根野菜の煮物、避けたほうがよいのは、かみ切りにくい薄いレタスやきゅうりの薄切り、ねぎ、もやし、かまぼこのような唾液と混ざりにくいものです。

とはいえ、調理方法によって食べやすくなるものがあります。たとえば、りんごも薄切りにすると口の中でつぶつぶになって唾液と混ざらずまとまりにくいのですが、くし切りにして与えると、歯茎でするようにしてうまく食べる子もいます。ミンチ肉はパラついたり硬くならないように、豆腐やパンをいっぱい入れた煮こみハンバーグやふわふわ肉団子にすれば、食べやすくなります。

スプーンは、子どもが持ちたがるので持たせますが、初めはなかなかうまく口に入りません。食べものの量やスプーンが口にまっすぐ入るように補整してあげます。もちろんスプーンという道具を持つまえに、どうしたらうまく口に入るかがわかるように、手づかみ食べをたくさんさせてください。

このように見ていくと、舌は食べものの性質を弁別するセンサーであり、それに合わせて食べものを押しつぶしたり、歯茎にのせたり、唾液と混ぜて飲みこみやすい塊にする機能を発達させていきます。舌は外から見えにくいのですが、唇の動きで舌の動きがわかります。押しつぶしていれば、唇は左右の口角が同時に引かれ笑ったような顔になります。かめば左右の口角のどちらかが引かれ、ねじれて見えます。舌の動きを見て、次の段階のものを一口ずつ試して、ようすを見ながらすすめていきます。

かまない子どもにもタイプがある

かまないで、丸呑みや吸い食べになってしまうのはなぜでしょうか? かまない・かめないには「わけ」があるはずです。そのわけのなかには、離乳食やそのあげ方が関係していることがあります。

Aくんは、年中クラスのなかでも体格がひとまわり大きく、食欲も旺盛。食べるのが速くて、おかわりも欲しがります。でも、なるほど速いはず、よく見るとどうも丸呑みしているようなのです。「よくかんでごらん、カミカミ」と言うと、「カミカミ」とことばのまねはするのですが、やっぱりかまないですぐごっくん。遊びに行きたくてうずうずしています。

同じクラスのBちゃんは、みんなが給食を終え遊びはじめても、いつも最後までテーブルに座っています。口の中にはほうれん草の茎の部分やお肉や魚が入ったまま、かまずにチュチュと吸っています。上顎に張りついて、飲みこめなくて食事がすすみません。どちらもかんでいないという点では一致していますが、つまずき方には違いがあります。

Aくんの離乳食中期から見なおしてみましょう。

丸呑みは、舌食べの離乳中期に、硬いものやきざみ食を与えられたり、一回分の量が多かったり、口の奥に押しこまれたりすると、モグモグせずそのまま飲みこむことを覚えるために、起こります。硬いものが口に入ると押しだしてきたり、たくさん入れるともどしそうになる場合は、「食べられない」というサインとしてお母さんに受けとられます。ところが、ごくんごくんと押しつぶしもせずに飲んでいると、お母さんには元気によく食べる子として、気づかれずにいることもあるのです。

Bちゃんは離乳食後期につまずいた可能性があります。

離乳食後期は歯茎でカミカミする時期です。歯茎でつぶせても、まだ唾液と食べものを混ぜるのはへたですから、繊維質の多い野菜やかみ切れない肉などをあげると、唾液と混ぜられず口の中にためこんでしまう吸い食べが起こります。Bちゃんはまだ咀嚼力が弱く、唾液と混ざらず食塊をつくることができないので飲みこめないのです。またBちゃんはもともと食が細いようです。家族の都合で夜型生活、食事時間が遅く朝は登園ぎりぎりまで寝ています。朝食はほとんどなしで、着替えだけさせてもらって登園です。そこで朝の活動が終わるころにはすでに疲労困憊、給食をとる元気がないことも関係ありそうです。

おいしく食べる

かめないには一人ずつ「わけ」があり、離乳食や舌の機能が原因とはかぎりません。「わけ」のなかには、姿勢・運動・呼吸・認知、対人関係やコミュニケーションのとりにくさなど、子ども自身の問題がかくされていることがあります。

子ども自身に問題がなければ、離乳食に少し無理があっても、成長とともに乗りこえていく可能性は大です。でも、子どもの側にも弱さがあり、環境にも不適切な面があれば問題は長引くことでしょう。だからこそ、早期に気づいたときから、おとなが努力できる調理方法や、食べさせ方など、環境を工夫していくことが大切なのです。

さて、硬いものがかめるようになることが縦への発達とすれば、同じような軟らかさの食品をいろいろ食べることができるという横の発達もあり、これは次の段階へ発達するばねになります。調理を次々と硬くするより、温度や味や軟らかさを少しずつ変化させたほうが子どもはじょじょに学ぶチャンスが与えられるのです。

また、みんなでゆったり、楽しく食べる雰囲気が大切です。人と関わりあいながら、おいしい食事を楽しむことが、あらゆる意味でよい食べ方につながっていきます。

「おいしい」は、味、かんだときの感触、匂いなど多感覚によってもたらされるものですが、それを共感する相手がいて本当に「おいしい」という喜びになります。だから丸呑みや吸い食べに対しても、無理じいや注意より、調理形態の見なおしとともに、食事時間が一番のコミュニケーションの場になるようにすれば、そのなかで、かんで味わうことやマナーも、ゆっくりと再学習していきます。

食べたい気持ちを育む
離乳食のすすめ方

愛知・どんぐり保育園栄養士
北方幸江

「離乳食のすすめ方基本表」について

本稿で紹介する「離乳食のすすめ方の基本表」は、月齢を目安に、五～六か月ごろ、七～九か月ごろ、一〇～一二か月ごろという各期ごとの目安になるもので、期ごとに使用できる食品や分量、ミルクの量、食事回数などが入ったものです。

私たちの保育園では、この基本表をもとに「離乳食年間計画」をつくります。この「年間計画」は、その年の子どもたち一人ひとりの生育暦や、それまでの離乳食のすすみ具合、好きなものをアンケートと面談で把握して作成しますが、実際の調理に当たっては、個人差を大切にしてつくります。月齢が目安ですが、つくるときには、同じ初期食でも、つぶし方をこまかくしたり、粗くしたりします。

そして、初日は必ず給食担当者も食べるようすを実際に見たり、ときには食べさせてみます。そのなかで、一人ひとりにあった段階を確認し、すすめていくようにしています。あくまでも、実際の子ども一人ひとりのようすに見あうことが大切です。

離乳食の基本は米のおかゆと野菜スープ

赤ちゃんの舌には洋風や中華風といった複雑な味はまだ必要ありません。素材の味を一つひとつ味わいながら、味覚を形成していく時期だからです。また、食べさせるおとなが、ゆったりと気持ちよい関わりをもつことが大切です。離乳食は、手軽につくれて簡単でおいしい、が一番といえます。離乳食の基本は、おかゆと季節の野菜が四~五種類と昆布を煮こんだ野菜スープ。これができれば離乳食の八割はできたことになります。あとは、魚や豆などの蛋白源を加えてできあがりです。

私の園の離乳食は、この野菜スープが調理のベースになっています。各段階の離乳食は、おかゆとこの野菜スープの野菜に魚や豆腐などの蛋白源を加え、それぞれの段階に応じて味つけしたり、大きい子の食事から取りわけて加えたりします。

あとは、甘みに気をつけています。はちみつは一歳過ぎまでは、ボツリヌス中毒の心配があるので使いません。果汁（果物）は離乳食の一品として出しています。甘みが強いので三~四倍くらいに薄くして、量もコップ三分の一くらいにしています。果汁は与えなければならないものではありません。

アレルギーと離乳食

乳児期のアレルギーは食物が原因になることが多いので、離乳食をすすめていくときには、アレルギーの心配の有無、あれば、どんなアレルギーなのか、症状はどの程度かをくわしく把握することが大切です。

離乳食の開始時期が早過ぎていないでしょうか。そして特にたまご、牛乳、大豆油は気をつけたい食品です。卵黄は五、六か月ごろから蛋白源として食べてよいと雑誌などでは紹介されていますが、私の園では、一一か月過ぎにしています。アレルゲンとして問題になるのは卵白ですが、離乳食づくりの煩雑さのなかで、卵白と卵黄をきちんと取りわけて使用することがむずかしいこと、六か月ごろまでは何がアレルゲンなのかわからないことが、その理由です。一〇か月ごろまでは魚や豆腐、麩《ふ》などが主な蛋白源となっています。

牛乳を飲料として飲む月齢が一二か月ごろになっていますが、牛乳やチーズやヨーグルトなどの乳製品を使った料理も、一一か月以降にしてもいいのではないでしょうか。腸管や消化酵素が未熟なので、十分に消化されないで吸収される恐れがあります。

一方、すべての子どもがアレルギー児になるのではありません。心配しすぎて、すすめ方を遅らせたり、使用する食品の幅を狭めたりということがないように、アレルギー児の離乳の基本は別につくりましょう。開始時期や仮性アレルゲン（バナナ、トマト、ほうれん草など、食品そのものにアレルギー反応を起こす化学物質を多く含むもの）となる食品の使用時期や頻度などを考慮してすすめていきます。アレルギー食と同じように医療との連携は、アレルギーの離乳食をすすめていくときも基本となります。

離乳食は好きなものを見つけることが大切

好き嫌いがはげしく、お皿に入ったおかずは嫌だけれどスープは大好きなKちゃん。私がお皿のおかずをおいしそうに食べてみせると、だんだん自分にも、と要求するようになってきました。友だちに食べさせることも好きで、食べさせてから自分も食べる、ということを楽しむようになりました。そんな関わりを大切にしているうちに、食べることが楽しい時間になり、食べるものが少しずつ広がっていきました。離乳食は、好きなものを見つけてそれを大事にしてあげることと、食事って楽しいという思いを積みかさねていくなかで食事の幅が広がっていくのだということを、Kちゃんから学びました。

保育園では、離乳食を嫌がったり口があかなかったりする子どもに出あうと、「生活リズムができていないから」「おうちでの味つけが濃すぎるのでは」と、家庭での問題点や不十分な点をあげて指導しがちです。園での子どもたちの姿に家庭の生活が反映するのは事実ですが、Kちゃんとの出あいは、家庭の不十分さに目を向けるのではなく、まずは子どもが安心して楽しく食卓に向かえるようにしていくことの大切さを教えてくれました。そして、おいしく食べたものを家庭に伝えていくことの積みかさねが、保護者にとっては、保育園への信頼感になり、さらにわが子や子育てにとって大切なことをつかんでいくことにつながるのではないでしょうか。

保護者の働く状況がきびしくなって、生活がさらに忙しくなってきているなかで、保育園での離乳食をわかりやすく伝えたり、おいしく食べている子どもたちのことを伝えていくことは、共育ての重要な第一歩になっていくと思います。

五〜六か月ごろ ここがポイント

五か月前後、そろそろ離乳食が始まるころです。この時期は、ミルクや母乳以外の味や、スプーンに慣れることが大切です。

まずは野菜スープをつくりましょう。四〜五種類の季節の野菜を大きく切って、たっぷりの水でことこと煮ます（三〜四センチ角の昆布を入れるとおいしさがアップします）。一回ごとにつくるときは、ミルクパンを使うといいでしょう。多めにつくって製氷皿に冷凍しておくこともできます。

離乳食の各段階への移行は、少しずつ次の段階の調整形態を入れていきます。

たとえば、こんな野菜でつくりましょう。

春…キャベツ、にんじん、かぶ、じゃがいも、玉ねぎ　など

夏…かぼちゃ、いんげん、玉ねぎ、きゅうり、ちんげん菜　など

秋…白菜、にんじん、ブロッコリー、小松菜、さつまいも　など

冬…白菜、だいこん、カリフラワー、小松菜、さつまいも　など

さあ、離乳食がスタートです。

おそくても六か月には始めましょう。この時期はゴックンと飲みこむことを覚える時期です。

スタートはドロドロ状の水分の多いおかゆからです。調理のポイントはやわらかく煮た野菜をつぶし、水分の加減で、ドロドロ状からベタベタ状にすることです。使う野菜は準備期のスープに使ったものを参考に。

素材のおいしさを食べる時期なので、味つけは必要ありません。

蛋白源は豆腐やしらす干し、白身の魚です。

「おいしいねー」と食べさせる人の笑顔が、赤ちゃんの安心につながります。寝る時間、食べる時間が一定になるように、生活のリズムをつくりましょう。

この時期は、まだ母乳やミルクが栄養の主役です。

離乳食のすすめ方の基本表

		5か月ごろ(開始)	6か月ごろ
熱や力となるもの	穀類	つぶしがゆ	10倍がゆ(5～10グラム) パンがゆ(10～15グラム) (フランスパン・ミルク) うどんつぶし煮 麩
	油脂類		
血・肉・骨となるもの	たまご類		
	大豆・豆製品		豆腐すりつぶし(10～20グラム) みそ
	魚類		しらす干し(5～10グラム) (塩抜きしたもの) 白身魚のすりつぶし(10～15グラム)
	肉類		
	乳製品	ミルク	
からだの調子を整えるもの	いも・野菜類	野菜スープ つぶし煮 うらごし煮 おろし煮 などを与えます。	煮つぶしおろし煮 ↓ みじん切りおろし煮(10～30グラム) 煮つぶし
	くだもの	果汁	うらごし(10～20グラム) すりおろし 煮つぶし 離乳食の一部として 与えましょう。
	海藻類		
1日の食事		1回	
1日の授乳量		700～1000cc　離乳食を先に食べ、ミルクはあとにします。	

七～九か月ごろ

ここがポイント

モグモグしながら、舌でつぶしてゴックンを覚える時期です。七か月には一日二回の離乳食を食べさせるようにしましょう。できるだけ、時間を一定にしましょう。午後のおやつ（離乳食の一回として位置づけています）は、食べる経験を増やすことが目的です。

調理のポイントは、やわらかく煮た野菜を、粗くつぶしたものからかたちのあるものにしていくことです。赤ちゃんが自分の舌でつぶせるくらいのやわらかさが目安です。手のこんだものや、複雑な味のものはいりません。

また、食べることの楽しさを教える時期です。自分でスプーンなどを持ちたがるので、ゆでたにんじんをスティック状にしたものなど、自分で持って食べられるものを用意するといいでしょう。

離乳食を食べる量も増えるので、母乳やミルク量は減らしていきます。離乳食のあとに飲みたいだけ与えましょう。

おかゆの割合	米		水
つぶつぶがゆ（10倍がゆ）	1	:	10
7倍がゆ	1	:	7
5倍がゆ	1	:	5
3倍がゆ	1	:	3
軟飯	2	:	3.5
ごはん	2	:	2.5

離乳食のすすめ方の基本表

		7～8か月ごろ
熱や力となるもの	穀類	米のおかゆ 煮込みうどん マカロニ スパゲティ パンがゆ(フランスパン、フレンチトースト)
	油脂類	バター(少量) サラダ油(少量)
血・肉・骨となるもの	たまご類	
	大豆・豆製品	豆腐(40グラム) ↓ 納豆 金時豆煮つぶし 大豆つぶし煮
	魚類	白身魚を煮たり、蒸したりしてほぐします。 生タラ・メバルなど
	肉類	
	乳製品	ヨーグルト(30～50グラム)
からだの調子を整えるもの	いも・野菜類	みじん切り(20～50グラム) 粗みじん切り(20～50グラム)
	くだもの	つぶす(30グラム) ↓ みじん切り ↓ 粗みじん切り ↓ スティック
	海藻類	わかめとろろ煮
	1日の食事	2回+おやつ1回
	1日の授乳量	800～900cc(ミルク)個人差があります。

一〇か月〜一歳半　ここがポイント

一〇か月〜一一か月

歯ぐきでカミカミゴックンとかむことを練習する時期です。

三回食になり、家族いっしょの食事をとることができるようになります。食べられるものが増え、調理方法も、蒸し焼きやいため煮など広がってきます。

硬さの目安は、歯ぐきでかんでつぶせる硬さ（親指と人差し指で軽く押してつぶれる硬さが目安です）。

食べる量に個人差がでてきます。

煮豆とか煮物など、手で持ったり、つまんだりできるように調理法も工夫しましょう。感触や、量の調節など覚えていくことにつながります。

食後の授乳量は、離乳食の食べ具合や個人差で左右されます。

ミルクから牛乳への切りかえは一二か月過ぎてからです。牛乳アレルギーの有無の確認も必要です。

化学調味料、香辛料、コーヒー、紅茶、緑茶は与えないようにします。

離乳完了期
（一二か月〜一歳半ごろ）

幼児食へ移行します。表では一五か月になっていますが、一歳六か月ごろまでを目安にすればいいでしょう。

食べる量の個人差がとても大きい時期です。他の子との比較ではなく、その子に適した量を見きわめましょう。また、むら食べや、あそび食いなど気になる姿に、無理じいや叱るなどは逆効果です。

食事がすすまないとき、母乳やミルクなどは思いきってやめてみると、食べるようになったという経験もあります。

離乳食のすすめ方の基本表

		9～11か月ごろ	12～15か月ごろ
熱や力となるもの	穀類	おかゆ→軟飯	→ ごはん(80グラム)
		フレンチトースト トースト うどん マカロニ スパゲティ	→ (100グラム)
	油脂類	バター(3～5グラム) サラダ油(3～5グラム)	
血・肉・骨となるもの	たまご類		12か月ごろから、たまごOK
	大豆・豆製品	豆腐(50～70グラム)	→ やわらかく煮た豆
	魚類	赤身魚も可(煮たり蒸したり) (20～30グラム) マグロ・カツオなど	→ 焼き魚・ムニエルもOK (30グラム) イワシ・サバもOK
	肉類	9か月ごろから ささみ・レバーなど(20～30グラム) 10か月ごろから 鶏肉・豚肉もOK (ただし調理はひき肉で)	豚肉・牛肉・鶏肉(赤身のところ) レバーなど(20～30グラム)) 脂肪の少ないところ
	乳製品	ヨーグルト(50グラム) チーズ(10グラム) 牛乳(料理に可)	→
からだの調子を整えるもの	いも・野菜類	(30～50グラム)	特に消化の悪いもの以外は ほとんど食べられます。 (30～70グラム)
	くだもの	スティック状(30～50グラム)	やわらかいものはそのままの 大きさで。(30～50グラム)
	海藻類	とろろこんぶ かんてん わかめとろろ煮	→
1日の食事		3回＋おやつ	→
1日の授乳量		500～700cc（ミルク）	200～400cc　12か月ごろにミルク→牛乳

赤ちゃんの眠りはなぜ大切？

東京医科歯科大学名誉教授
井上昌次郎

いのうえ　しょうじろう
1935年生
東京大学大学院修了、理学博士。
睡眠科学者。
東京医科歯科大学名誉教授。
英文中心の専門著書・編書12冊、
学術論文約350点、
約40か国での学会発表・講演約700回。
一般向け啓蒙書20冊、
このうち6冊は4か国で翻訳。

赤ちゃんの眠りは、おとなの眠りとはかなり違います。赤ちゃんの健全な発育を願うなら、何はともあれ、赤ちゃんの眠りを赤ちゃんの立場で最優先しなければなりません。そのために、眠りとは？　赤ちゃん特有の眠りとは？　その役割とは？　将来への影響とは？　などを正しく理解しておきましょう。くわしくは拙著『眠りを科学する』（朝倉書店、２００６年）の第2～3章が参考になるでしょう。

そもそも睡眠の役割は

睡眠とは「脳による脳のための管理技術」です。睡眠の役割は「脳を創る・脳を育てる・脳を守る・脳を修復する・脳をよりよく活動させる」となります。脳はおおまかに大脳と脳幹に分けられますが、ここでいう脳とは主に大脳のことです。

「脳を創り・育てる」のは、発達途上の胎児・赤ちゃん・幼児の眠りです。胎児期以後に大脳が発育していく過程で、それを着実に仕上げていくために睡眠が重要な役割を果しているからです。赤ちゃんの眠りの大切さはここにあり、この点がおとなの眠りとおおいに違うのです。

大脳がほぼ完成すると、こんどは眠りが「脳を守る・脳を修復する」比重がしだいに大きくなり、おとなの場合はこちらが圧倒的に重要な役割になります。眠らなければ、脳はうまく守れなくなり、こわれやすくなってしまうのです。

睡眠は身体疲労を回復させるためにある、と考える人がいます。ところが、筋肉の疲れなどのほとんどの身体機能は、特に眠らなくても、静かにしているだけで回復します。ただ一つ回復しないのが、大脳の働きなのです。眠りがないと、大脳の機能は修復・回復できないのです。

「脳をよりよく活動させる」のは、若齢から高齢までの睡眠の共通した役割です。睡眠なしには、大脳はその高度の性能を発揮できないしくみになっているのです。

なぜなら、大脳はエネルギーを大量に消費するため、非常にくたびれやすく、もろい臓器なので、すぐ傷むわけです。しかも、脳は全身の司令塔ですから、傷んだ脳をそのままにしておくと、正常な精神活動や身体動作ができなくなり、生存が危うくなってしまいます。脳を管理するために、睡眠はなくてはならないものなのです。

おとなの眠りは大脳を回復させる

おとなでは二種類の眠り（レム睡眠・ノンレム睡眠）がはっきり区別できます。

レム睡眠とは「急速眼球運動（レム）を伴う睡眠」という意味です。急速眼球運動とは、閉じたまぶたの下で眼球がきょろきょろと激しく動くことを指します。全身の筋肉がすっかりゆるむのでからだはぐったりしていますが、大脳は覚醒に近い状態になっていて、夢をみていることが多い眠りです。覚醒すれすれの浅い眠りですから、容易に目覚めることができますし、目覚めたときの意識ははっきりしています。眠り全体に占める割合は二〇～二五パーセントと少なめです。

ノンレム睡眠とは「レム睡眠でない眠り」という意味で、いわゆる安らかな眠りです。レム睡眠が浅い眠りだから、ノンレム睡眠は深い眠りだと世の中では誤解されていますが、ノンレム睡眠は「浅い」も「深い」も含んでいて、まどろみから熟睡まで四段階に分けられます。

眠りの大半は浅いノンレム睡眠で占められます。眠りをつかさどる脳（脳幹内の「眠らせる脳」）は、大脳、つまり「眠る脳」の状況に応じてノンレム睡眠の深さを使いわけます。眠りが不足していると深いノンレム睡眠を多めに出し、量の不足を質で補うのです。ノンレム睡眠では筋肉がすっかりゆるむことはありません。

ひとことでいえば、レム睡眠は「大脳を目覚めさせる眠り」、ノンレム睡眠は「大脳を休息させる眠り」と、両者の性質は対比的・相補的です。俗にいう「ノンレム睡眠は脳の眠り」「レム睡眠はからだの眠り」という表現は正しくありません。ともに「脳の眠り」なのです。

ちなみにレム睡眠の際、運動の指令はほぼ完全に遮断されます。大脳が目覚めはじめて奇妙な行動を伴う夢をみているとき、からだがそのとおりに動くと危険だからです。こうして「からだの眠り」が演出されるだけのことです。大脳が先行して目覚めると、いわゆる金縛りが起こります。いずれにしても原因は脳にあって、その結果がからだに表れているにすぎません。

ノンレム睡眠では大脳の活動が全般的に下がり、意識レベルも下がります。こんな大脳を目覚めさせるのがレム睡眠です。健康なおとなでは、浅いノンレム睡眠に始まってレム睡眠に終わる一組の眠りが約九〇分の「睡眠単位」をつくり、いくつかの単位がまとまって、一夜の睡眠を構成しています。各単位の終了時ごとに目覚めやすくなり、最初の二単位、つまり寝入りばなの約三時間の間に、深いノンレム睡眠（熟睡）がまとめて出現します。

胎児の大脳にまず現れるのは睡眠

赤ちゃんの眠りを知るためには、おとなの眠りばかりでなく、胎児の眠りも知ることが必要です。胎児は起きているのでしょうか、眠っているのでしょうか。

意識の座である大脳がまだ出現しない初期段階では、覚醒も睡眠もないと考えるほかありません。意識の有無からいえば無の状態というわけです。ちなみに、意識が有の状態なら、それが一定範囲で相対的に高ければ覚醒、低ければ睡眠と判定します。

さて、大脳ができてまず現れるのは睡眠です。この眠りがのちのレム睡眠ですが、胎児や赤ちゃんでは「動睡眠」と呼ばれます。大脳に芽生えた動睡眠が大脳を刺激して、「覚醒」させるのです。胎児は一日の大半を動睡眠の状態で過ごしながら、大脳が活動し、目覚めるように、つくり育てるのです。

覚醒できるようになって初めて、大脳の活動にブレーキをかけるような第二の眠りが必要となります。これが「静睡眠」と呼ばれ、ノンレム睡眠の原型です。胎児の静睡眠はわずかです。おとなと違って覚醒量が少ないうちは、大脳を休息させて修復する必要があまりないからです。

このように、大脳を覚醒に導く原動力こそ動睡眠つまりレム睡眠です。この役割は、おとなになっても重要な役割を演じつづけています。

眠りから自然に目覚められるのはなぜでしょうか。前述のように、レム睡眠が一定間隔で作動しているからにほかなりません。

赤ちゃんは出生後に、おっぱいを吸う・泣くなどの動作や、味わう・聞くなどの感覚を発揮しなければなりません。新たな体験を学習・記憶する必要もあります。こうした信号が伝わる情報網、つまり神経回路は、出生まえにある程度整っていなければなりません。でなければ、生まれてから目的に沿った動作ができません。

その敷設活動こそ、動睡眠の状態なのです。脳幹の中では、自発的に神経細胞が活動して、動睡眠を発生させるシステムができます。これと連動しながら、各種の神経回路のいわば敷設工事が行われます。

動睡眠のスイッチを入れる神経細胞が活動して、出生後の実体験で使うことになる一連の神経細胞に対して信号を送り刺激します。そうすると、その神経細胞のつながった回路を情報が通りやすくなり、細い通路がだんだん太くなって幹線道路になっていきます。こういう回路を出生以前につくりあげておくのが、動睡眠の役割です。

赤ちゃんの眠りは大脳を育てる

生まれたての赤ちゃんは未熟で、とりわけ大脳は、成熟するまでに、以後十数年かかるほど未完成です。それゆえ、胎児と同様に、脳内の神経回路づくりは乳幼児期にも継続されます。

新生児は一日の三分の二くらい眠ります。その約半分が動睡眠です。静睡眠が先にくる原則はまだ確立していませんから、いきなり動睡眠から眠りが始まることもあります。静睡眠は胎児期のかなり遅くに現れ、出生後に急速に増え、最終的に睡眠量の七五〜八〇パーセントになります。このように、胎児・乳幼児期のみ、レム睡眠がたいへん多いのです。この時期が大脳の構築にとって特に大切であり、よく眠ることが、賢い脳づくりに貢献するからです。

二歳以上の幼児になると、おとな型の二種類の睡眠が現れ、静睡眠つまりノンレム睡眠が先行し、動睡眠つまりレム睡眠が後続するという枠組み、つまり睡眠単位ができあがります。睡眠単位の長さは、はじめ四〇〜六〇分です。五歳から一〇歳にかけて約九〇分になり、周期的に繰りかえしながら一夜の睡眠を構成する、成人型の睡眠パターンができあがります。

睡眠中には成長ホルモンの分泌が起こります。おかげで「寝る子は育つ」のです。この現象は三か月齢のころすでに認められますが、熟睡時に集中して分泌されるのは四～五歳になってからです。

母胎から出た赤ちゃんは、新しい生活環境、つまり二四時間周期の昼夜と、それに同調する寝起きの習慣に適応しなければなりません。その指令を出すのが脳内の「生物時計」ですが、生まれたての赤ちゃんでは、生物時計がまだ作動していません。そのため、生物時計の影響を受けないまま昼夜とは関係なく生活します。二か月齢くらいまで、赤ちゃんは時刻にかかわらず、小刻みに、眠ったり起きたりお乳を飲んだりするのです。

やがて赤ちゃんの生活パターンに変化が現れ、起きていることが多い時間帯と眠っていることが多い時間帯とが、ほぼ半日ごとに区別されるようになります。しかも、その切りかえの時刻は毎日少しずつ遅れていきます。つまり、およそ二五時間周期で活動期と休息期が繰りかえされます。これは生物時計が内蔵する生まれつきのリズムであり、ほぼ一日周期なので「概日リズム」と呼ばれます。今や生物時計の信号が表に出てきたのですが、外界の二四時間周期の昼夜リズムとはまだ無関係です。

四～五か月齢になると、夜間にまとまって眠っている時間と昼間にまとまって起きている時間が、ともに長くなります。昼寝がたくさんあり、食事の時間もかなり回数が多いものの、活動は昼間に集中してきます。眠っている時間帯と起きている時間帯がそれぞれ夜間と昼間とに同調して、二四時間周期が確立するからです。

この時期に、「にぎやかな昼の時間帯と静かな夜の時間帯がある」「夜間にほとんど食べたり飲んだりせず、昼間にそれを集中する」という、昼夜に連動して、めりはりのある生活リズムが周囲にあることが大切です。その生活習慣があるならば、生物時計は生活リズムに時刻合わせ（リセット）ができるようになります。つまり、生まれつきの約二五時間周期はそのままにして、見かけは二四時間周期に合わせる性能を獲得するのです。

当事者みずからが、赤ちゃんの睡眠対策を

赤ちゃんの睡眠は、発育途上にあって、おとなの眠りとは質的にも量的にも違います。睡眠中に、赤ちゃんのからだは成長を促進され、脳は神経回路の構築を支援されています。また、外界の昼夜リズムないし社会リズムに同調して生活できるように、脳内の生物時計が成熟してくるのもこの時期です。ですから、乳幼児期の睡眠を適切にとることは、将来の人生にとっても大切なことなのです。

ところが現代の大都市のような人工的な生活環境では、昼夜リズムが赤ちゃんにインプットされにくくなっています。そうなると、生まれつきもっている約二五時間周期の概日リズムがリセットされないまま、その支配下におかれ、二四時間の昼夜リズム・社会リズムからずれていくような生活を背負うことにもつながります。この現象を、概日リズム

が「フリーラン・自由継続」しているというのですが、これを修正するためには非常な苦労をしなければならないし、深刻な睡眠障害に陥ったりする可能性もあります。

赤ちゃんの生物時計を外界と同調させるために重要なのは、「昼夜の明暗リズム」「授乳時刻」「家族の生活様式」です。現代社会で赤ちゃんを育てるには、これら三つの同調要因をある程度意識的に実行していくことが求められているといえるでしょう。とりわけ、親の生活リズムは赤ちゃんに直接影響しますから、できるだけ規則的な生活を心がけてほしいものです。

個々に抱えている事情のなかで、どう赤ちゃんの眠りを守っていったらいいのか。親や保育士など当事者の皆さんが、みずから具体的な対策を考えていっていただきたいと思います。

家庭と協力して睡眠のリズムを整える
——ゼロ歳児の場合

愛知・ほしざき保育園園長
千葉恵子

新しい子どもたちとの出あいに、期待でいっぱいの四月。初めてのゼロ歳児の担任をする保育士や新入職員は、なおのことワクワク、ドキドキして子どもたちの迎え入れの準備をします。ミルクのつくり方、冷凍母乳の解凍の仕方、授乳の仕方、オムツの替え方、特にうんちの替え方、着替えのさせ方、抱っこの仕方、すべて初体験です。

遊びや活動以前の、日々なにげなくあたりまえにしている生活のことが初体験なのだから大変です。

睡眠の大切さを実感した新人保育士

入園式が終わり二日間ほどの母子通園が終わると、通常保育が始まります。さあ大変、朝から大泣きのえみちゃん（九か月）。とにかく抱っこしかありません。抱いてもすぐに泣きやむわけでもなく、おぼつかない格好でなんとか抱きつづけている新米保育士さん。朝何時に起きたの？　そろそろ眠いんじゃないの？　と先輩保育士にアドバイスをもらい、そうか赤ちゃんは朝寝るんだ、眠たくて泣いているのかもしれない、と納得。

しかし布団に寝かせようとしても、簡単には寝てくれません。さあ困った！　お家ではよく寝るって言ってたのになあ。抱いてゆすっても怒って大泣きし、立て抱きにしても怒るし、歌もあんまり知らないし、ときどき泣きやんでキョロキョロあたりを見まわしては「ここはどこ？」とでもいうように、また泣きはじめるえみちゃん。

午前睡眠ができないまま離乳食の時間になってしまいました。すっきりしないままなので、離乳食もうまく食べられません。ミルクは大好きなのでごくごく飲みはじめました。ところが、飲みながらすやすや眠ってしまい、ミルクも半分でおしまいです。こんな繰りかえしで、すっきりしない毎日を過ごしていました。

とにかくえみちゃんと仲よくなろう、毎日元気に笑顔を忘れず遊ぼう、と、先輩保育士のわらべうたを聞き覚えたり、赤ちゃん体操を学んだりしながら、泣いたときに抱くだけではなく、触れあって遊ぶようにしました。

入園して一〇日め。朝から機嫌よく箱積み木を倒したり、カラーボールを追いかけてハイハイして遊ぶえみちゃん。登園してからあまり泣くことなくよく遊べたからか、午前睡眠も、胸にぎゅっと抱かれてすやすや。そっと布団に寝かせるとそのまま三〇分間ぐっすり眠ることができたのです。

目覚めも、きっとすっきりしたのでしょう、泣きませんでした。離乳食もしっかり食べ、ミルクも飲み、サンルームでもハイハイやトンネルでのいないいないばあ遊びなど、笑顔いっぱいで遊ぶことができました。

午前睡眠をしっかりとることで、こんなにもいい表情で遊べるんだと、睡眠の大切さを実感した新人保育士さんでした。

保護者の状況を見て柔軟な対応を

睡眠の大切さを実感するときに、二四時間の生活のなかの一〇時間以上を保育園で過ごす子どもたちにとって、どのように生活リズムをつくっていったらいいのか、悩むことが多々あります。

園での日課の目安は、日課表（六八、六九ページの図）です。入園後、じょじょにこのような日課に近づいていきますが、保護者の勤務時間や生活時間によっては、どうしても夕食や入浴時間が遅くなり、夜寝る時間が遅くなってしまうことがあります。そうすると朝起きるのも遅くなってしまいます。

遅寝遅起きが顕著になってくるのが一歳過ぎるころからのようです。おとなの生活時間に影響されて、なかなか眠れないようです。起きて遊びたいというのも子どもの要求と思い、ついつきあってしまうことがあるとも聞きます。何冊も絵本を読まないと眠れないということも聞きます。そんなときは親もイライラしてしまい、悪循環で、こんどは朝起きられなくなってしまうこともあるようです。

生活リズムの大切さを伝えてきましたが、なかなかうまくいかないケースがあります。そんなときに保護者に話すのは、「とにかく、夜どんなに遅く寝ても朝七時には起こしてみようね」ということです。早起きは早寝につながるからです。

ただ、保護者もさまざまな事情を抱えて子育てをしています。基本にしたい二四時間の日課はありますが、そのときどきの事情で遅寝をしてしまったときは、「時間が許せば朝ゆっくり起きて、親子で少し遊んでから登園してもいいよ」と伝えます。睡眠不足だったなとわかる日は、その子には、園の日課にとらわれず、午前睡眠をしたり、早く食事をして早目に寝かせるなどの対応もしています。

家庭と協力しながら、ゼロ歳から二歳くらいの間に生活リズムを整えておくと、幼児になってからの生活リズムが安定するような気がします。その一方で、ゼロ歳児だからこそ、休みの日は家庭で親子でゆっくり過ごしたり、子どもの要求で生活する日があってもいいのではないかと、毎日時間に追われているお母さんを見て感じることもあります。そのときどきの子ども、保護者の状況を見て、適切に対応できる柔軟さ、考え方も必要ではないだろうかと思っています。

また、眠れない原因に、時間のことだけでなく、からだのかたさによるような気がする子がいます。寝つくときにマッサージをすると、気持ちよく眠れる子もいます。

ゼロ歳児の子どもたちの入園当初の「寝ぐせ」をつかみ、まずは眠れるようにすること、そしてじょじょに、からだの力を抜いて心地よい寝息を立てて眠れるようにしていきたいと思っています。

（希望があるときは、ゼロ歳児の保育室で担任保育士が夜間保育をしています。）

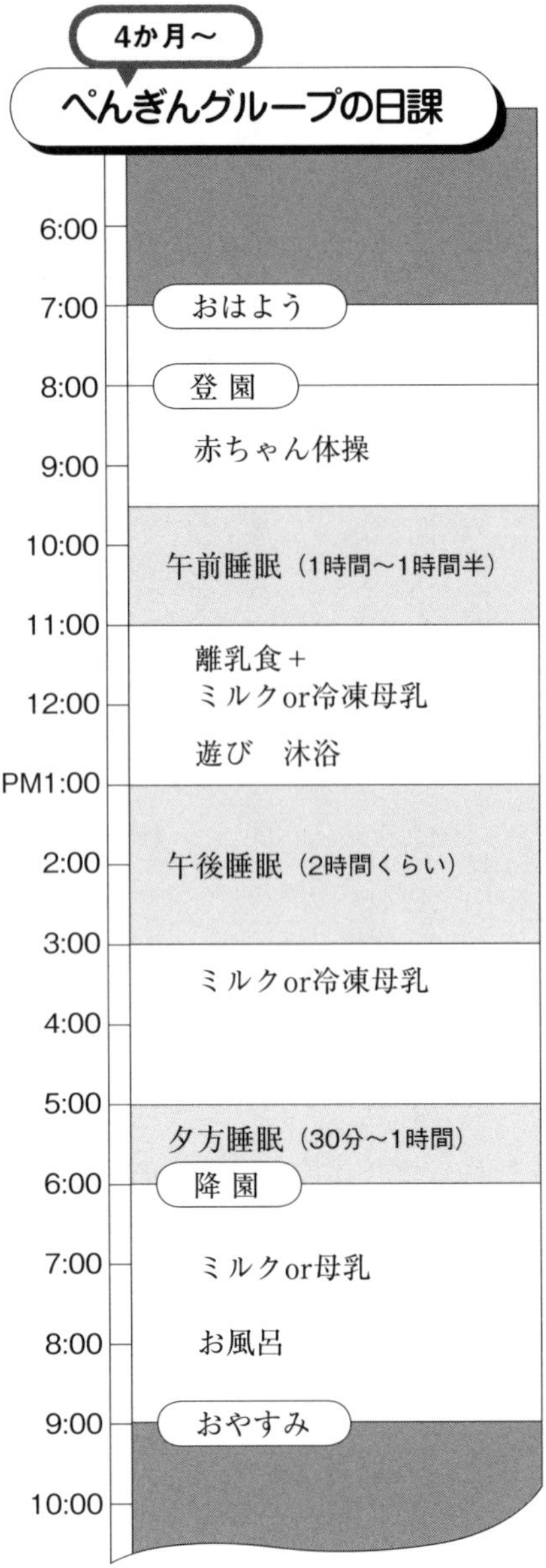
4か月～
ぺんぎんグループの日課
6:00
7:00
おはよう
8:00
登園
赤ちゃん体操
9:00
10:00
午前睡眠（1時間～1時間半）
11:00
離乳食＋
ミルクor冷凍母乳
12:00
遊び　沐浴
PM1:00
2:00
午後睡眠（2時間くらい）
3:00
ミルクor冷凍母乳
4:00
5:00
夕方睡眠（30分～1時間）
6:00
降園
7:00
ミルクor母乳
8:00
お風呂
9:00
おやすみ
10:00

当面は二回睡眠の日課で過ごしていますが、ようすを見ながら、一回睡眠へ移行します。

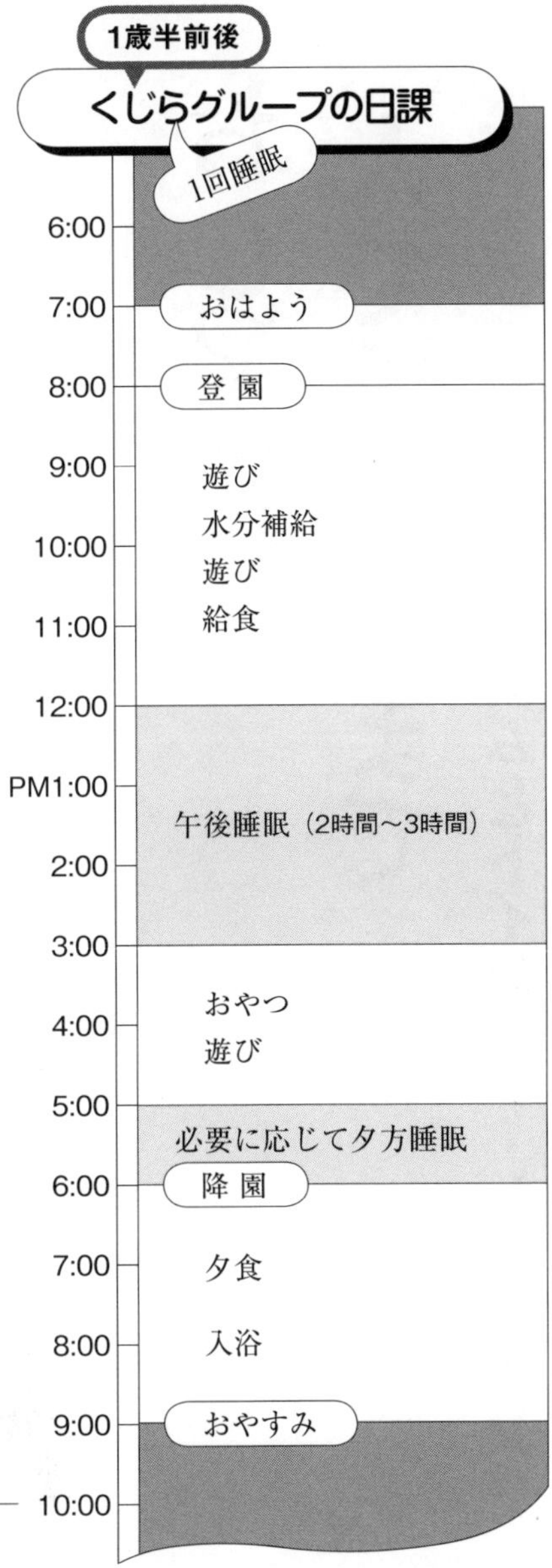
1歳半前後
くじらグループの日課
1回睡眠
6:00
7:00
おはよう
8:00
登 園
9:00
遊び
水分補給
10:00
遊び
給食
11:00
12:00
PM1:00
午後睡眠（2時間～3時間）
2:00
3:00
おやつ
4:00
遊び
5:00
必要に応じて夕方睡眠
6:00
降 園
7:00
夕食
8:00
入浴
9:00
おやすみ
10:00

1歳前後
くじらグループの日課
2回睡眠
6:00
7:00
おはよう
8:00
登 園
遊び　水分補給
9:00
10:00
午前睡眠（30分～1時間）
11:00
給食
12:00
遊び
水分補給
PM1:00
2:00
午後睡眠（2時間～2時間半）
3:00
おやつ
4:00
遊び
5:00
必要に応じて夕方睡眠
6:00
降 園
7:00
夕食
8:00
入浴
9:00
おやすみ
10:00

おしっこが一人でできるまで

——メカニズムとトイレット・トレーニング

ほあし子どものこころクリニック院長
帆足英一

ほあし　えいいち
別名おねしょ博士。
東京都立母子保健院院長を経て、
「ほあし子どものこころクリニック」開院、
おねしょに悩む親子の
相談にのっている。
日本夜尿症学会常任理事など役職多数。
『新・おねしょなんかこわくない』(小学館)
『わが子に「愛されている実感」を
伝える子育て』(新紀元社)
『やさしいおむつはずれ』
(あかちゃんとママ社)など著書多数。

排泄のしくみ

日中の排泄のしくみは、図に示されるように膀胱に尿が貯留すると、膀胱の内面にある神経受容器が作動して、その刺激が脊髄神経を通って延髄にまで伝達されます。延髄は、反射的に排尿させるところです。

したがって、神経発達の未成熟な乳児期早期においては、膀胱に尿がたまると反射的におしっこをもらしてしまうことになります。しかし月齢がすすみ乳児期後期になると、延髄に伝達された情報に対して、反射的に排尿させてしまわずに、しだいにブレーキがかかるようになってきます。これを排尿の無意識的抑制機能といっています。このブレーキによって、しだいに膀胱にためられる尿量が増え、

排泄のしくみ

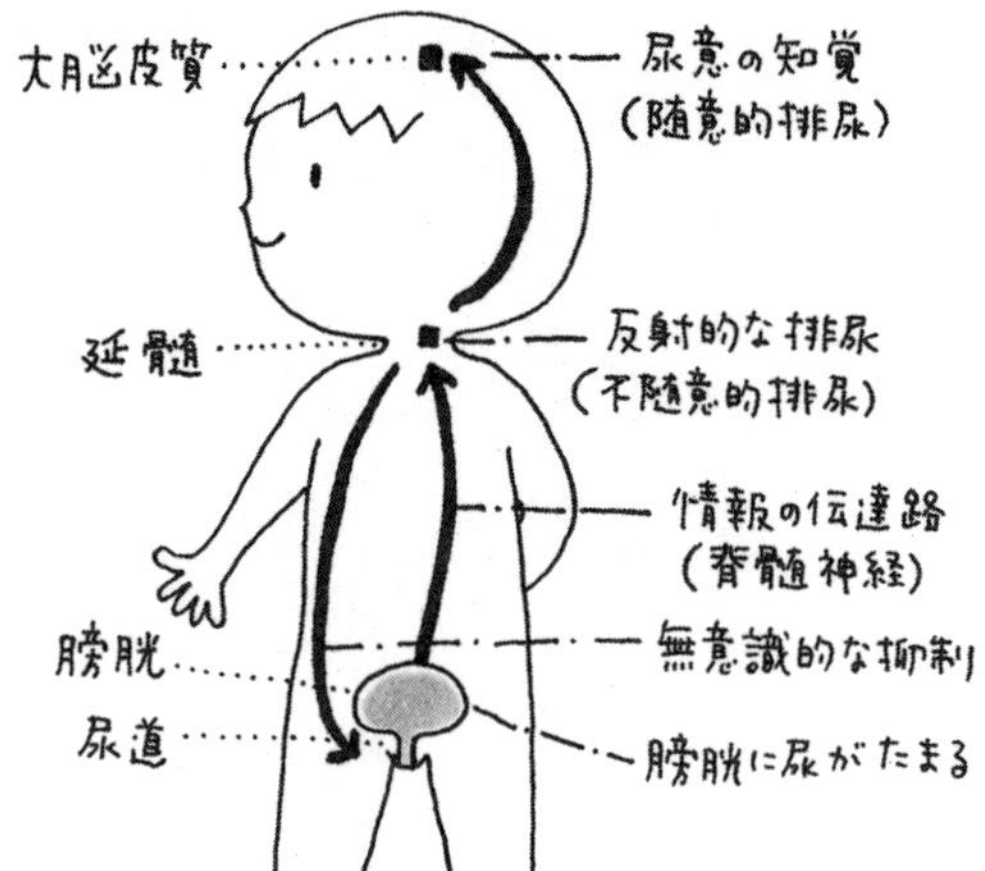
大脳皮質
尿意の知覚
（随意的排尿）
延髄
反射的な排尿
（不随意的排尿）
情報の伝達路
（脊髄神経）
膀胱
無意識的な抑制
尿道
膀胱に尿がたまる

膀胱に尿が貯留した情報が延髄からさらに上位の中枢にまで伝達されるわけです。

つまり、お誕生日前後になって自立歩行が可能となり、ことばもしゃべれるようになると、膀胱に尿がたまったという刺激は延髄からさらに大脳皮質にまで伝達されます。大脳皮質まで情報が伝わると、初めておしっこしたいなという尿意を知覚することになります。この尿意を知覚し、しかもトイレやオマルで排尿するまで抑制することができるようになることが、排尿の自立ということになるわけです。

一方、おねしょ（夜尿）の問題は少し異なります。夜間睡眠中は、大脳皮質の働きが抑制され、延髄レベルにとどまってしまうので、尿意の知覚は困難なのです。後に説明するように、夜間睡眠中につくられる尿量が多すぎたり、膀胱がちいさすぎたりすることが原因となっているのです。

トイレット・トレーニングとは

このように、赤ちゃんはまだ脳の発達が幼いために、おしっこが膀胱にたまると無意識のうちに反射的に出してしまいます。

この無意識のうちにおむつにおしっこをしていた状態から、おしっこしたいといった尿意を感じて、自分の意志でおしっこをオマルやトイレでするように教えていく過程をトイレット・トレーニングといいます。トイレット・トレーニングというと、ついおむつはずしが目的と思いがちですが、おむつはずしは一つのステップでしかないのです。では、トイレット・トレーニングはどのようなステップですすめていけばよいのでしょうか。

ステップ１：トレーニングに入る準備段階——おしっこの間隔はどのくらいか

自分でじょうずに歩けるようになってことばもいくつかしゃべれるようになると、大脳皮質がある程度発達して、尿意を感じることができる準備に入ったということになります。

この段階にまで発達してきたら、まず、子どもをよく観察しておしっこの間隔とリズムをつかむようにします。これは、おしっこの間隔が、二時間近くあくときを見つけることが目的なのです。おしっこの間隔があくということは、膀胱におしっこをたくさんためることができたということを意味し、次のステップ、オマルやトイレへの誘導に移行できることを意味しているからです。

ステップ２：オマルやトイレに誘ってみよう——はじめは偶然におしっこ

おしっこの間隔が二時間ぐらいあいたときをねらって、トイレやオマルに誘ってみましょう。膀胱におしっこがたまっているので、たまたまタイミングがあえばおしっこをしてくれます。はじめのうちは、オマルやトイレでおしっこをしてくれるのは偶然のことなのです。偶然におしっこをしてくれることが何回か続くと、そのうちにいつも誘導すればおしっこをしてくれるようになってきます。

：チィ出たねと声がけしよう——排尿三感覚を大切に

さて、誘導して偶然にオマルやトイレでおしっこをしてくれたときには、そのおしっこを見せながら必ずチィ出たね、と喜びの声がけをしてあげることが大切です。

子どもはおしっこがジャーと出た「チィ出る感覚（放尿感）」、オマルにたまったおしっこを目で見て確認する「チィ見る感覚（視覚的認知）」、そして母親の「チィ出たね」という声がけを耳にする「チィ聞く感覚（聴覚的認知）」を体験することができます。おしっこをしてこの三つの感覚を同時に体験したとき、初めて子どもはこれまで無意識のうちにおむつに出てしまったのがおしっこなんだと体感を通して理解することができるのです。

トイレット・トレーニングで最も大切なことは、この排尿の三感覚を子どもに同時的に体験させることにあります。オマルやトイレへの誘導もこの三感覚を体験させるためにしているのだということなのです。

ステップ３：昼間のおむつをはずしてみよう――保護者のイライラ度しだい

さて、誘えばおしっこをするようになると、いつ昼間のおむつをはずしたものか迷うことになります。一般的には、誘って半分はうまくしてくれるようになってからといえますが、実際には保護者のイライラ度とまず相談することが第一です。

畳やじゅうたんをおしっこで汚されたり、洗濯物が増えたりしてイライラして子どもを叱ってしまいそうならば、誘導成功率がそれこそ八割くらいの打率となってからおむつをはずしたほうが、子どもも保護者も苦労が少ないということなのです。

ステップ４：ママおしっこと言えるには――すぐに誘わずちょっと待とう

誘えばできるが自分からは言ってくれないというときには、タイミングをわざとずらしてみます。誘うのをぎりぎりまで待って、膀胱にいつも以上に尿をためさせて、尿意を子どもに感じさせてから誘導してみることです。このとき失敗しても叱らないこと。尿意がわかればそのうちに自分からチィと言ってくれるようになります。

ステップ4は仕上げの段階です。叱らず・あせらずに見守ることが大切です。

排便の自立

排便の自立は、排尿の自立と非常に似たメカニズムですが、排尿のときよりもたやすいと考えてよいでしょう。

この理由は、排便の場合には便性が固いので、いきんで排便する必要があり、このいきみ運動が排便を意識化させやすいのです。母親も気づきやすく、回数も日に一～二回程度なので、トイレット・トレーニングがたやすくなっているのです。

おねしょを改善させる生活指導

幼児期に見られるおねしょは、生理的なものでまったく心配ありません。しかし、学童期になっても毎晩の夜尿ともなると、いわゆる夜尿症として相談や治療、生活指導が必要となってきます。

おねしょの主な原因としては、夜間眠っている間につくられるおしっこの量が多すぎるためです（多尿型）。これは、夜間睡眠中に分泌される抗利尿ホルモン量が少なく、うすい尿がたくさんつくられてしまうからです。夜尿症の子の一晩の尿量は、平均してふつうの子の二倍となっています。

一方、おねしょの一部には、一晩の尿量が人並みの少なさなのに毎晩の夜尿になってしまうという例もあります。この多くは膀胱機能が低下していて、膀胱の蓄尿量がちいさいことに原因しています（膀胱型）。

このように、おねしょの原因の多くは子どもの体質の問題が関与しているのです。したがって、日中のトイレット・トレーニングと異なり、夜尿をトレーニングして治そうとしても無理なことなのです。

では、おねしょを軽くする生活指導のポイントを紹介しましょう。

①夜尿起こしはしない

夜間の尿量を調節する抗利尿ホルモンは、睡眠が安定するとたくさん分泌される性質があります。ところが夜尿起こしをすると、睡眠リズムが分断され、かえって抗利尿ホルモンの分泌量を減らし、ぐっしょり型の夜尿を固定してしまうことになります。したがって夜尿起こしは好ましくない育児習慣といえます。

夜間に自分で目が覚めないから夜尿が治らないと考えがちですが、夜間に目覚めてトイレで排尿した場合は、みかけ上は布団おねしょから解放されていますが、トイレおねしょの状態、つまり睡眠中につくられる尿量が多すぎたり、膀胱の蓄尿量がちいさすぎるという夜尿状態が続いているわけで、決して夜尿が治ったわけではないことに留意する必要があります。

②水分のがぶ飲み習慣をやめる

日中を含めて、水分のがぶ飲みや一気飲みの習慣は、夜間尿量を増やしてしまうのでよくありません。

一回に飲む水分は、一五〇cc前後に減らし、しかものどごしに一気飲みをしないように指導する必要があります。この場合の水分とは、味噌汁、牛乳、お茶、水、果汁、果物などすべての水分が該当します。

③塩分をとりすぎない

調理はうす味に、スナック菓子やインスタントラーメンの汁などおやつの塩分も少なめに。過剰な塩分は利尿作用を活発にして尿量を増やし、二次的に口渇を生じ水分の過剰摂取という悪循環になります。

④冷え症タイプは暖めて寝る

おねしょの約七割に冷え症が認められます。しもやけができやすかったり、足腰が冷えたり、秋から冬にかけて夜尿が悪化しやすいタイプは冷え症型と考えてよいでしょう。このような場合は、就眠前にゆっくり入浴し、布団もあらかじめ少し暖めておく、入浴剤を用いるならば炭酸浴剤を使用するなどの配慮が効果的です。

⑤日中の頻尿型は、排尿抑制訓練を

日中に頻尿傾向を認める場合には、膀胱型の夜尿が疑われます。つまり、機能的な膀胱容量が縮小してしまっている可能性があります。このようなタイプに対しては、小学校に入ったら、尿意を感じた際にすぐ排尿せず、おしっこがまん訓練をすると効果的です。がまんしたあとの尿量を測定して二〇〇〜二五〇cc膀胱にためられるよう訓練を重ねることが大切です。

⑥あせらず・叱らず

夜尿を叱っては子どもがかわいそうです。勝手にからだがおしっこをつくってしまうのですから。また、あせることはありません。夜尿のタイプ別に適切な生活指導と治療を行えば、必ず夜尿は治ります。

トイレット・トレーニングQ&A

Q1 トイレット・トレーニングは早く始めなくてもいいのでしょうか？

A1 これまでの研究の結果、トイレット・トレーニングを一歳前後というように早くから始めすぎると、からだの機能が十分に整っていないため、トレーニング期間は一年以上かかってしまうということは決してめずらしくありません。二歳を過ぎてトレーニングを開始した場合は、からだの機能もすっかり整っているので、トレーニング期間は三か月程度で自立していきます。したがって遅めスタートがよいといえましょう。

Q2

二歳一か月ですが、トイレ誘導をしようとするといやがって逃げまわってしまいます。そのうちにおむつにおしっこをしてしまって、おむつを替えようとすると、こんどはチイナイといって逃げまわってしまいます。このようなときはどうすればよいでしょうか。

A2 トイレ誘導をいやがる原因としては、お子さんが遊びに熱中しているときに誘っていませんか。当然、遊びを中断されるので、いやがることになります。トイレ誘導は、生活の節目、たとえばおやつのまえとか、公園に遊びに行くまえ、あるいは入浴まえとか、なるべく生活の節目で尿がたまっているときをねらって誘導しましょう。おむつ替えをいやがるのは、叱りすぎていませんか。叱られすぎると、おむつ替えをいやがるようになります。もともと、おむつ交換は、不快な状態から快の状態に変えるためのものです。そのとき叱られるという不快な経験をすると、おむつ交換が不快なできごとになってしまいます。このようなときは、一か月ばかり休戦して、思いきり子どもとふざけて遊んだり甘えさせてあげてください。

参考文献
『新版・小児の発達栄養行動―摂食から排泄まで／生理・心理・臨床』（帆足英一編著　医歯薬出版）
『新・おねしょなんかこわくない―子どもから大人まで、最新の治療法』（帆足英一　小学館）
筆者が管理するホームページ　「おねしょねっと」　http://www.onesyo.net/
「ほあし子どものこころクリニック」　http://www.hoashi-clinic.net/

あわてず、自然に、おしっこの自立

東京
戸越ひまわり保育園

東京・品川区にある戸越ひまわり保育園は、ゼロ～二歳児の認可保育園です。定員はゼロ歳児が一三名、一歳児が一三名、二歳児が一四名の計四〇名です。

私たちの園でどのようにトイレ・トレーニングをしているのかを述べてみたいと思います。ここで紹介するのは一歳児クラスでの実践ですが、年度によっては、子どもたちの状態を見て、二歳児クラスになってからトレーニングを開始することもあります。

一人ひとりのペースをつかんで

ゼロ歳児クラスでも、二、三月になると二歳近くなる子もいるので、おしっこの出る感覚がある程度あいてきたら、おむつ替えのときおむつがぬれていなかったとき、「おしっこ行こうか」と声をかけたりします。

しかし基本的には、トイレ・トレーニングは一歳児クラスになってから始めます。

一歳児クラス一三人は、六人と七人の二つのグループに分けて、それぞれ一人ずつで担任していますが、おむつ交換のときにぬれているかどうかなどを見て、一人ひとりの状態を把握していきます。そして少なくとも一時間くらいはおむつがぬれない（つまり、膀胱におしっこがためられる）ようになっているかどうかが、スタートの目安です。

ゼロ歳児クラスからあがってきた子で担任ももちあがりの場合は、四月から始めることもありますが、新入園児は、園に慣れて少し落ち着いてきた五月末ごろからスタートします。具体的には、お昼寝から起きたときおむつがぬれていない状態が一週間くらい続いたら、担任同士で「もう、おしっこさせてもいいかな」と、話しあいます。一歳児クラスのすぐ近くにトイレがあるので、「おしっこしてみようか」と声をかけてつれていって座らせます。ふだん二歳児クラスの子がおしっこしているのを見ているので、だいたいどんなふうにするのかわかっているようです。

保育者がそばについて、おなかをさすったりして、「出たね」と声をかけます。はじめはたまたまでも、そのうちおしっこを出す、出る、ということがわかってきます。おなかに力を入れたら出たということを、からだでおぼえてくるのです。

このとき、トイレに座っている時間が長くなると、それが原因でトイレでするのがいやになってしまうこともあるので、気をつけます。

お昼寝から起きると、すぐおしっこしたくなる子、起きてから一〇分くらいで出る子など、おおよそ子どものペースをつかんでいるので、その子に合った対応をします。

おしっこがためられるようになったな、という段階で始めますから、おおむね月齢の高い順に、一人か二人ずつ働きかけていくことになります。四、五月ごろに声をかけるのは大きい子のグループですから、一歳半は過ぎているし、場合によっては二歳近くになっていることもあります。子どもたちも、ほかの子のようすを見ているので、なかには、自分からトイレに座りたがる子もいます。

ためられる機能が育ってから

父母には、まず懇談会などで、トイレ・トレーニングのおおまかな予定を話しておきます。でも、具体的なことは、保育園で先行して、実際にお昼寝のあとなどにトイレでおしっこができるようになってから、「もう少ししたらパンツにしますから、パンツを用意して」と頼むようにしています。

というのも、早く話したために、おうちでトイレにさそいすぎて、トイレでするのをいやがるようなこともあるからです。

肝心なことは、ためられる機能が育っていって、子どもが「ここまでたまったらおしっこが出る」という感覚を自分でつかめるようになることなのです。膀胱におしっこがたまらないうちに働きかけると、出すことだけおぼえてしまい、おしっこがたまらなくても、さそわれれば出してしまうことになり、その結果、しょっちゅう出すくせがついてしまうのです。

保育園では「もう少しためられるようになってから、働きかけよう」と話しあっていたのに、どうしてもたまるまえに出してしまう子がいて、おかしいなと思っていたら、家でひんぱんにさそっていることがわかった、という例もあります。そういうときは、お母さんと、「少しの間、さそわないでようすを見ましょう」と話しあいます。

ていねいにようすを見守りながら

だいたいどれくらいもつかわかってきた段階で、朝のお散歩のときパンツにしてみます。お昼寝のときはおむつをして、起きたときにぬれていなければ、トイレにさそってみます。いやがらずにトイレでおしっこできることが続けば、お昼寝のあともずっとパンツにしてみます。そのうち、だんだん日中はパンツで過ごせるようになってきます。早い子はこんなふうにして、一か月くらいでパンツになることもあります。でも、夕方のおやつのあとは、その子によって差があって、おむつをする子とパンツの子がいます。

パンツになるとおむつより薄いので、おしっこの間隔がちょっと短くなりますが、すぐに慣れてまえの間隔にもどってきますから、「だめだ」と決めつけないで、一週間くらいは、ていねいにようすを見守ってあげる必要があります。

月齢の高い子たちは、一歳児クラスの二月ごろには、みんなパンツになっていますが、月齢の低い子たちはまだおむつをしています。秋から冬にかけては、どうしてもおしっこの間隔が短くなりますから、トレーニングを開始しにくいのです。

この子たちは、二歳児クラスで開始することになります。でも、なかには間隔があいてきて、冬場でもやれる子もいます。

「失敗しないように」は鬼門

まだ自分からは教えられないので、こちらから、そろそろかなと思ったら声をかけるわけですが、でもそのうち、「いやだ」「まだ出ない」と言いだすこともあります。そんなときは、無理じいはしません。

「今、出ない」といっても、しばらくしてから声をかけるとトイレですることもあるし、それでも「いやだ」と言ってぬらしてしまうこともあります。そんなときは、「あ、出ちゃったね」とか、「こんどは、おしっこ出そうなときトイレ行こうね」などと、声をかけてみます。

そんなことを繰りかえすうちに、自分で自分のぎりぎり限度がわかってきます。失敗して、ぬれた気持ち悪さも感じながら、「ここまでいったら出る」ということを、子どもはからだで覚えていくのです。失敗も、その子にとっては意味があるのです。

なんどか成功すると、おとなはつい失敗させないようにしようと思ってしまい、しょっちゅうさそってしまいがちです。自分で「出ない」とか「いや」と言える子はいいけれど、さそわれればトイレに行くというのを繰りかえしていると、その感覚がつかめません。

保育園でも、「この子は、一時間で声をかけて」というような申し送りをしてしまったり、もう少し待ってもいいのに、早くさそってしまった、という失敗もありました。

あせらず、行きつもどりつしながら

ためる機能の発達には個人差があります。間隔が長くなったのでパンツにしたけれど、その後おもらしが多くなり、悩んだ末おむつにもどして、二歳児クラスでまたやりなおした、という例がありました。

園では、散歩から帰ってきたとき、「おしっこ行こうか」と声をかけるようにしているのですが、そのときにしたはずなのに、給食を食べながらおもらしをしてしまうようなことが続いたのです。「ちゃんとたまってからおしっこする習慣をつけよう」と話しあい、散歩のあとに声をかけるのをやめてみました。すると、その後、何回かおもらしはしたけれど、そのうち自分から「おしっこ」と言うようになり、いつの間にか、おもらしもなくなりました。

この子の場合は、夏場だったので、長くためられていたけれど、機能的にはまだそこまで育っていなかったのに、月齢が高いから大丈夫だと思って、早めに働きかけをしてしまった例です。

月齢は、多少は関係するけれど、個人差があるということを忘れてはなりません。

自我・自己主張とどうつきあうか

トイレ・トレーニングを始める一歳半ごろは、ちょうど自我が芽生えてくる時期です。おとなが手伝うなど赤ちゃん扱いされるのはいやだし、「だめでしょ」などと怒られるとそれだけでパニックになってしまい、反対に「すごいね」と認められるとうれしい時期なのです。

この自我・自己主張とどうまくつきあいながら、おしっこの自立をうながしていくのかがカギです。あせったり、怒ったり、ごまかしたりするのはトラブルのもと、いいことなしです。

この自我とのつきあいはけっこう大変で、家ではいくらおしっこにさそっても「いやだ」と言われるので、紙パンツにしてしまったという保護者もいました。

保護者の方たちには、今、その子がどの段階にいるのかをできるだけくわしく伝え、「さそったら『いや』と言うかもしれないけれど、そこで叱らないで、しばらくしてからもういちどさそってみて」とか「パンツをいやがったら、もう一枚出して『どっちはく?』と聞いてみて」というように話をします。

ちょうど遊んでいる最中にさそわれれば子どももいやがります。遊びを中断しなくてもいいように、いいタイミングにさそうことも大切です。

ケースバイケースで、臨機応変に

保育園では、ゼロ歳児は品川区の補助で無料の貸しおむつを使っています。一歳児からは、保護者と話しあって、自宅のおむつか、有料の貸しおむつを使うことになります。でも一歳児からの入園の子でもうすぐパンツになりそうな場合は、おむつカバーを買うのはもったいないので、紙パンツを使うこともあります。そのへんはケースバイケースです。

家ではほとんどの子が紙おむつ、紙パンツなので、「つけっぱなしはいけませんよ」ということは、しっかり伝えます。

お昼寝の間におむつがぬれなくなったら、おねしょパットを持ってきてもらってパンツに移行しますが、ひんぱんにおもらしが続いたときは、洗濯が大変なので、紙パンツを使用するなど、臨機応変に対応しています。

冒頭でもふれたように、その年度の子どもたちの状態によっては、以上のようなトイレ・トレーニングを二歳児クラスで開始することもあるわけですが、基本的にはここで紹介した内容と変わりません。

違いがあるとすれば、二歳児クラスで開始した場合は、すでにおしっこをためられる機能が育ち間隔が二時間以上になっている子が多いので、暖かくなる四月末から五月にかけてパンツにすると、大多数の子がスムーズに自立していきます。とはいっても、機能の育ちには個人差があって、月齢に関係なく一人ひとりをしっかり見ていかなくてはならない点は、一歳児クラスの場合と同様です。

もう一点、私たちの園では二歳児クラスが最年長なので、私たちの園特有の「二歳児のプライド」があって、自分から「パンツになる」とがんばっている、ほほえましい姿もあります。

実践編

ゼロ歳児クラス

まめっちょクラスの一年間

まめっちょクラス………愛知・こすもす保育園ゼロ歳児クラス

まめっちょ組（14名）	生年月日
K	2005年6月
T	2005年8月
N	2005年8月
S	2005年8月
Z	2005年8月
M	2005年8月
R	2005年9月
I	2005年10月
A	2005年1月
Se	2005年2月
Y	2005年3月
Ha	2006年4月
As	2006年6月
Re	2006年3月

こすもす保育園は、愛知県名古屋市内にあり、分園とあわせて一二〇名定員、開園時間は七時から二〇時までの保育園です。

今回、二〇〇六年度のゼロ歳児クラス「まめっちょ組」の一年間を紹介します。

ゼロ歳児クラス「まめっちょ組」

まめっちょ組は、最終的（二〇〇七年三月）に一四名。基本的には、月齢で分けた大・小二つのグループで生活しています。

途中入園

途中入園が多いので、年間を通してていねいな受け入れを心がけています。保育士の入れ替わりもあるので、子どもたちも人見知りをしたり、新たな雰囲気に動揺したりすることもあります。

そんなとき、保育士で確認しあったことは、「今の体制のなかで、子どもにとって一番気持ちよい生活をつくっていこう」「みんなで、全員の子どもたちの責任をもとう」ということです。

親子通園

初めての入園で保護者も子どもも不安がいっぱい。そこで、少しでも早く慣れるように、家庭の状況に応じて、入園まえに親子通園をお願いしています（産休明けは一日、育休明けは三日間）。

ゆるやかな担当制

一年間担当を固定するのではなく、子どもの日課や要求にあわせてグループ担当制をとっています。具体的には、・共育てグループ（入所時の受け入れ、連絡ノート書き、家庭訪問など）・生活グループ（日課によって遊び、睡眠をいっしょにする）・食事グループ（食事をいっしょにする）・朝夕の活動別グループ（子どもの発達にあわせて少人数で過ごす）などの単位で保育します（図参照）。

保育のなかで、おとなの目当てがなくて困っていないか、不安になっていないか、誰と過ごしたいと思っているかなど、子どもの視線に気をつけながら保育士三人で話しあいます。

保育で大切にしたいこと

一年間の保育で大切にしたいことを決め、保護者に伝えています。

①あー、気持ちがいいな、楽しいなと思えるような、心地よい生活をつくります。

②おとなとの信頼関係を土台にして、新しい世界に踏みだしていこうとする心を育みます。

③遊ぶ楽しさを感じ、遊びが豊かになるような取りくみを工夫し、環境を整えます。

④感覚、運動の発達をていねいにうながします。

⑤途中入所の子どもたちをていねいに受け入れます。

⑥楽しい子育てをしていきましょう。

おとな同士の関わりも大切に

まめっちょ組には、初めて子どもを預ける保護者も多いので、親子通園を実施したり家庭での過ごし方や接し方を保護者から引きついだりして、保育園への信頼の一歩を築きたいと思っています。

入園時には特に、保護者のお迎えを待って、子どもの一日のようすをできるだけていねいに話すよう心がけています。また、失敗やけがをさせてしまったときは、正規の職員三人でお詫びをします。

あちらこちらから保育士に声をかけられ、パパとママは大変かもしれません。

また、保育に最終的に責任をもつのは正規職員だけれど、臨時職員とともに保育をつくっていくことを大切にしています。

子どもの見方や、今、何を大事にしているかなど、理由を添えて伝達しあうようにしています。子どもの楽しそうな姿、大きくなっていく姿にともに感動し、共感しあうことも大切です。

正規も臨時も含めた職員全員で、一人ひとりの子どもの思いや願いを探りながら、保育をあれこれ考えあっています。

Ⅰ期……4・5月

まめっちょ組の4月・5月は、こすもす保育園の分園であるさざんか保育園のゼロ歳児（はなまめ組）といっしょに保育します。

新しいおとなと友だちに出あう時期。目標は、新しい環境に慣れ、①保育士や友だちと仲よくなること、②ぐっすり眠り、たっぷり飲める（食べる）、楽しく遊べるようになること、です。

この時期、特に大切にしていることは、家庭の生活を引きつぎながら、子ども一人ひとりの緊張や不安をていねいに受けとめることです。「自分のことをわかってくれるおとながいる」と安心してもらい、保育士が子どもたちにとって大好きなおとなになること、そして、保護者が安心して預けられる場となるよう心がけています。

●クラス運営

大グループ（正2）

瀬口保育士…O、Ti（ともに分園のはなまめ組）、K

（瀬口保育士は、はなまめ組の保

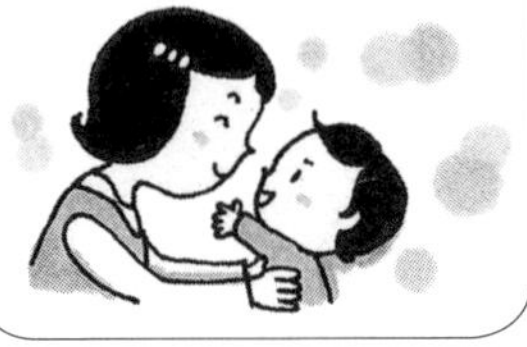

日課

●子どもが安心するように、できるだけ担当の保育士が世話をする。

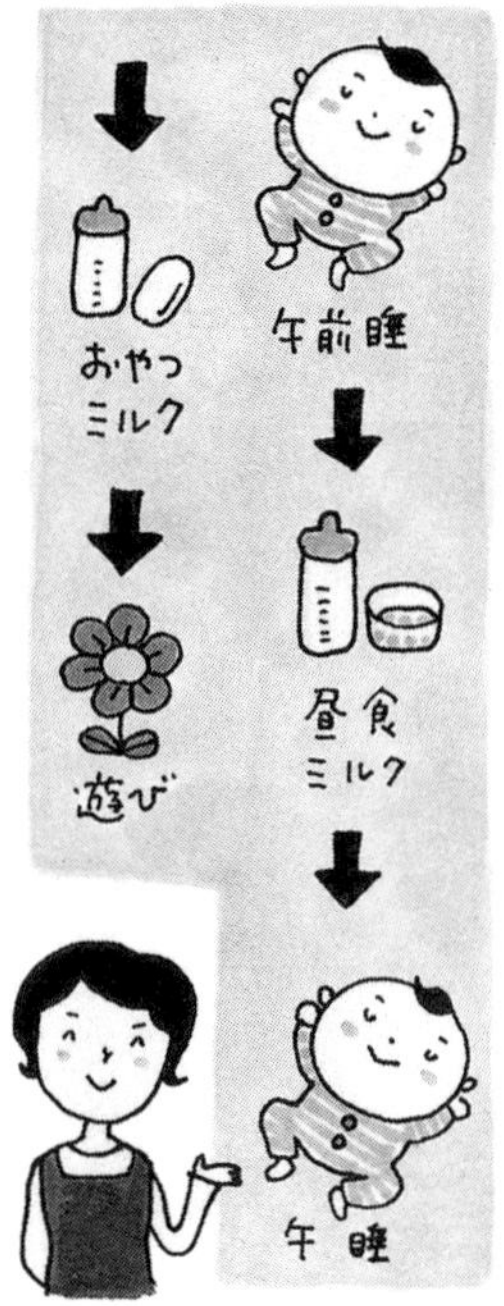
午前睡
おやつ
ミルク
遊び
昼食
ミルク
午睡

睡眠

●家庭の睡眠を引きつぎ、子どもの寝たい時間や眠りを探る。

SIDS対策
かならずそばにいて15分おきにチェック。
あおむけで寝かせる

M

新しい保育士に緊張して眠れない。

➡１対１で関わり、安心できる保育をつくる。

●おいしく食べる・飲む。自分で食べる意欲を大切に。給食室と相談して、子どもの好きなものを出してもらう。

R

周囲が気になり、食事がすすまない。

➡まわりが見渡せるトッターに座らせたら、楽しく完食。

U

これまで母乳だったので、哺乳瓶で飲めない。

➡いろいろな乳首でためして、温かい乳首にした。

遊び

●1人ひとりの好きな遊びを見つけて、保育士といっしょに楽しむ。

ブロックも
触ったり なめたり
小グループ は つりおもちゃが大好き。布も よくいじり、なめる。
布あそび

わらべうた遊び

わらべうたを歌うと、ハッとした表情でじーっと見る。「ちょうちょうのように」「上から下から」など。

棒は竹ひご

わんわん

絵本

犬の本や布の本をいっしょにめくる。K、絵本をよく出してきて開き、「わんわん」と言う。

排泄

●おむつを替えると気持ちいいことを伝える。

おしっこ
でたね
気もち
いいね

●おむつをこまめに替える。

K

おむつを替えるのを嫌がる。

→ おもちゃを持たせてお尻洗い。

食事

育士です）
向出保育士…Z、M、R、N
（5月から松木保育士…R、N）
小グループ（正1、臨1）
中野保育士…H、U（ともにはなまめ組）、I、A、
・5月にNが入園。
・5月29日よりはなまめ組は分園に移転。

●行事

・親子通園…入園前に三日間、親子で通園してもらい、保育園のようすを見てもらいます。
・入園した年の4月～5月に家庭訪問を行います。その子が、どんなことが好きなのかを、保護者に教えてもらったり、いっしょに探したりします。お母さんの悩みを聞かせてもらうなかで、保育園の役割を改めて考える機会ともなっています。
・公開保育を5月に実施。わらべうた遊びや離乳食の試食。夜は一年間の保育計画の説明、懇談会。

食事

●生活リズムをつくるために、食事とおやつの時間だけは変えない。

●少しずつマナーを教える。コップから飲む。

いただきます。
ごちそうさま。

●手づかみ食べを大切に。

●ホットタイムでお茶とおせんべいを食べる。

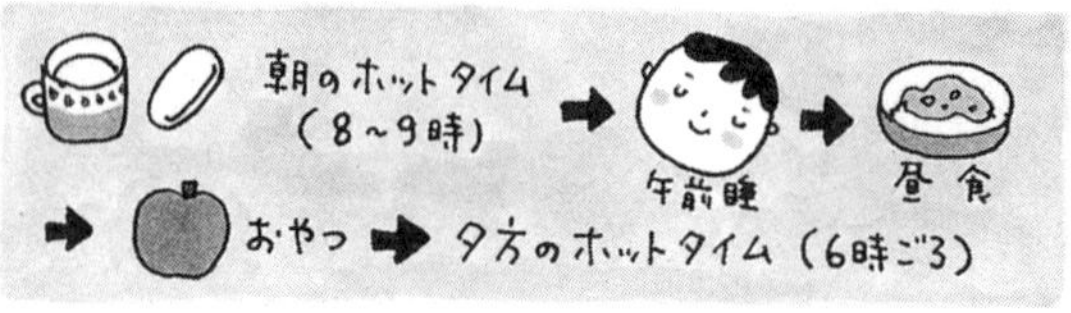

朝のホットタイム（8～9時）
午前睡
昼食
おやつ
夕方のホットタイム（6時ごろ）

睡眠

●1人ひとりにあった寝かせ方、静かで落ち着いた環境づくり。

T・S

布団でとんとんされて、眠れるようになった。

日課

●1人ひとりの月齢にあわせた生活を探る。

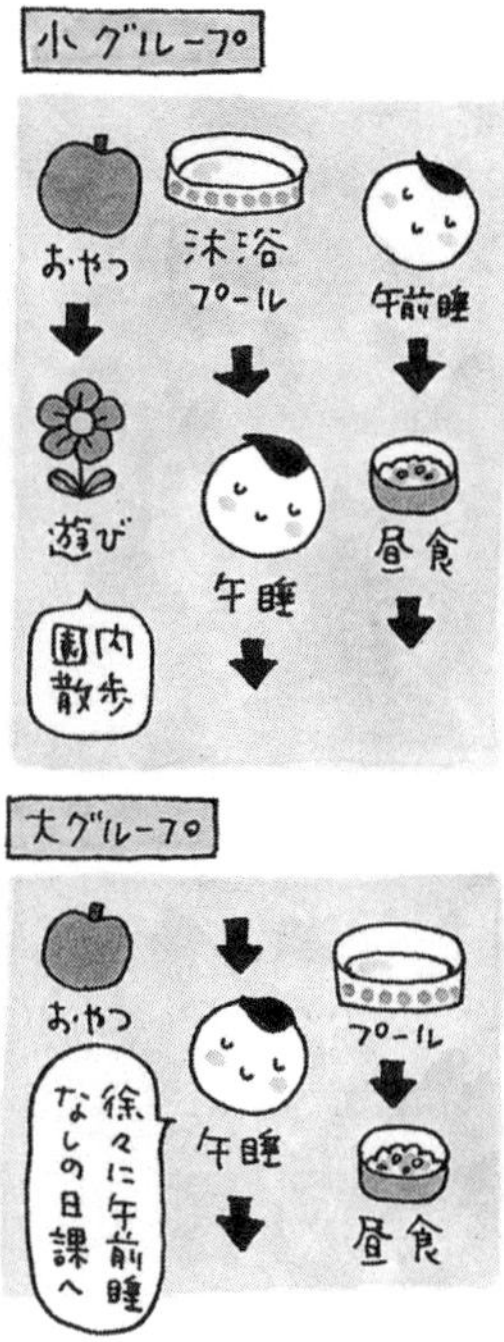

小グループ
おやつ
遊び
園内散歩
沐浴
プール
午睡
午前睡
昼食
大グループ
おやつ
徐々に午前睡なしの日課へ
午睡
プール
昼食

六月、はなまめ組の子どもたちがさざんか保育園へ引越し。食事コーナーを一つにしました。

Ⅱ期……6・7・8月

入園当初は、環境の変化でなかなか眠れず、ミルクや離乳食がのどを通らず…と不安だった子どもたちも、じょじょに一回の睡眠時間が長くなり、ミルクや離乳食でお腹を満たすこともできるようになり、園生活に慣れてきました。それぞれ大好きな保育士を見つけて毎日安心して過ごしています。

この時期の目標は、子ども一人ひとりが保育士や友だちと楽しい遊びを見つけること、いろんな感触のものに触れて遊ぶこと、です。

また、大きいグループの子どもたちには、次の活動を見とおせるような工夫をします。たとえば、くつやぼうしを決まった場所においたり、子どもといっしょに「ここにナイナイしようね」と片づけたり。「散歩に行こうか」と誘うと、ぼうしをかぶらずに手に持って散歩に行く子も。また、「プー

遊び

室内

●6月は室内ではポットン落とし、布遊びなどをし、後半からプールを出して水遊びを楽しむ。

●ドアやついたてなどで、いないいないばあ。友だちとなんども繰りかえして楽しむ。

散歩

●6月、乳母車デビュー。つかまりが得意になったメンバーで。

室内散歩

●Iはベビーカーで、Rはだっこで園内散歩。事務室や給食室で声をかけられてにっこり。帰りは5歳児さんがいっしょにベビーカーを押してくれる。

プール

●7月、プール開き。

Y・Ha

ベビーバスに入り、気持ちが安らぐゆったりとした時間をつくる。

外気浴

●離乳食・ミルクが終わって、ベランダでまったり。

わらべうた

（大風こい、うみだよかわだよ、ままやままや、あめ、でんでんむし）などを楽しむ。

排泄

●生活の区切りでおむつを替える。

K

おむつを替えるのを嫌がらなくなる。

M・T・N

ウンチが極度にコロコロしていて心配。水分を多めにとる。

ル」「マンマ」の意味もわかるようになりました。

●クラス運営

大グループ（正2、臨0.5）
向出保育士…K、Z、T、S
松木保育士…M、R、N
小グループ（正1、臨1）
中野保育士…I、A、Ha、Y
・6月にT、Ha、7月にY、8月にSが入園。

●行事

・7月の懇談会は、離乳食について。子どもたちが食べているようすをビデオで観たり、試食したりしました。
・プール開き（7月）。

●健康

・とびひ流行。

●環境

・小グループの睡眠の保障、大グループの水遊びの保障のため、部屋の配置を工夫する。
・お湯遊び用のおもちゃをそろえる。

食事

●１人ひとりに合った段階から離乳食をすすめ、初めての食材との出あいを大切にする。

大グループ

食事コーナーがセッティングされると、すぐに「マンマ食べたい」と、みんながやってくる。

●自分からおむつ替えマットにゴロンと寝転べるように働きかける。

タオル地
バスマット

A

とびひや下痢のあと、おむつ替えを嫌がる。

→

パンツをかえると気持ちいいね

睡眠

●お互いの睡眠を保障しあう。

●夕方寝の子のために、小グループコーナーをつくる。

起きている子は
お部屋の外へ….

日課

●日課別グループで過ごす。

●早く眠る子は午睡後清拭。

大グループ

10月、大グループはほぼ１回睡眠に。

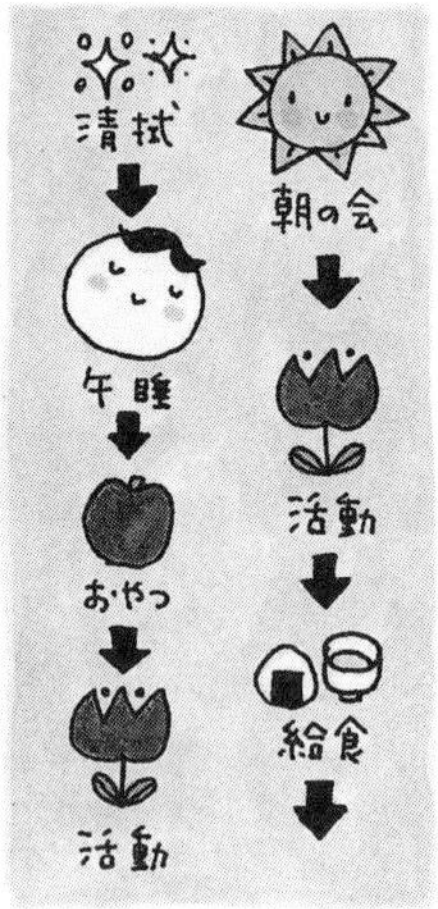
清拭
午睡
おやつ
活動
朝の会
活動
給食

遊びのなかで、友だちとも関わる姿が見られるようになってくる時期。一見、「ちょっかい」を出しているように見えますが、実は、友だちを求める姿だったりします。「友だちと遊ぶって楽しい」と思えるようになることがこの時期の目標です。

大きいグループは、10月から朝の会を始めました。午前中の活動に入るまえ、♪はじまるよったらはじまるよ～と歌うと、子どもたちはベンチへ。お楽しみを一つ（布遊びやわらべうた）と、子どもの名前を呼んで、お茶を飲んでおしまい。名前を呼ぶと、にこ～っとして手をあげ、「あ～い」とお返事。友だちの名前が呼ばれても自分が主役といわんばかりに返事をする子どもも。とってもかわいい姿を見せてくれます。

遊び

●おもちゃや教材の見なおし。砂遊び、積み木、Bブロック、マット遊び、ろくぼくのぼり、リズム遊び、おいかけ、隠れ遊びままごと、おかいものごっこ、お人形を使ったごっこ遊び…。

Z・S・R

新聞紙を破って遊ぶ。

大グループ

友だちといっしょに遊ぶ姿がでてきた。

小グループ

探索の時期。乳母車で近所を散歩。だっこ散歩、園内散歩も。

ままごと

マットを1枚敷いて、おわん、スプーン、チェーンをおくと、友だちに食べさせてあげていた。

なぐり描き

みつろうクレヨンで絵を描く。

リズム遊び

1人たっちでスクワット。うさぎのうたに合わせて。

排泄

●クラス運営

大グループ（正2、臨1）
向出保育士…K、Z、T、S
松木保育士…M、R、N
小グループ（正1、臨1）
中野保育士…A、Ha、Y、As
・10月、As入所

●行事

・運動会（10月）。わらべうたを親子で楽しみます。
・懇談会＋懇親会（10月）。
・健康についての懇談会（12月）。

●健康

・11月、下痢、嘔吐が流行。

●環境

・落ちてきて危ないものは、高い棚に置かないようにする。おもちゃは、コーナーを決めて、常時出しておく。
・昼食後、大グループのなかでも一回睡眠の子と、二回睡眠の子の空間を別にして、睡眠と授乳、遊びを保障しました。

食事

●自分から気持ちを伝えられるように。

大グループ

食事コーナーの席について、エプロンをつけようとする。

睡眠

大グループ

給食後、自ら布団に入るように。眠いけれどソファーで遊ぶ子には、布団に誘ってトントン。

小グループ

午後にまとめて眠れるようになった。

●紙おむつとパンツ式の子が増える。「いやいや」と言っていた子も、おむつ替えを嫌がらなくなった。
●「～するからナイナイしようね」と伝え、保育士といっしょに片づけをしているうちに、自分のおむつを片づけることがブームに。

日課

●ゆったりとした日課のなかで、自分から次の行動へ向かえるように。

大グループ

午前中、庭で砂遊びをするときは、給食のまえに清拭、着替えをした。

1月、大きいグループのマークの「出初式」をしました。散歩から帰ってきたあと、食事のグループごとにテーブルについて、マークを貼るセレモニーをしたのですが、食事のつもりで来た子どもたちからは「マンマじゃない」とブーイング（笑）。でも、自分のマークがわかってきたら、視線や指差しでうれしそうに教えてくれるようになりました。このマークは、保護者に決めてもらっています。マーク以外にも、名前やぼうし、ジャンパーなど、自分のものだけでなく、友だちのものもわかるようになってきました。

この時期の目標は、一人ひとりの楽しいことを見つけて、じっくりと楽しめること、友だちとの共感を広げ、いっしょに遊ぶのを楽しむことです。

遊び

●『ねないこだれだ』など、簡単なストーリーの本や紙芝居などを楽しむ。
●ベランダにくるねこを「ニャーニャー」と喜んで見る。

大グループ

手をつなぐ

リズム遊びの好きな子どもたち。「糸車」がお気に入り。この曲が鳴りだすと、子ども同士で手をつなぎ、うれしそうにぐるぐるまわる。

散歩

途中まで乳母車で行って、安全な場所で両足ジャンプ。

けんか

おもちゃや絵本をめぐってのけんかが始まる。

おやつのあと、「お馬はみんな」を歌ったりリズムをとったりしている。M がお馬の本を探しだして、保育士のところへ持ってきた。小コーナにいた R がそれを見て、ついたての隙間から出て M のところへ行き、その本をとろうとして引っぱりあいに。
結末は、R がふんぞりかえって、怒っていた。

排泄

●**クラス運営**
大グループ（正2、臨1）
向出保育士…K、Z、T、S
松木保育士…M、R、N
小グループ（正1、臨1.5）
中野保育士…A、Ha、Y、As、Se、Re
・2月にSe、3月にRe入園
・3月、進級に向けて、食事のグループ替えをしました。一歳児クラスのえんどう組で遊ぶことも。

●**行事**
・懇談会（2月）。子どもたちの大きくなった姿を伝えると同時に、保護者からもたくさん話してもらうようにしています。
・公開保育（3月）。

●**環境**
・ままごと用のおもちゃを収納する棚を設置。
・2月、Se入所で食事コーナーを見なおす。

子どもたちのありのままの姿から出発する「保育」

京都・旭ケ丘保育園
前田めぐみ

ときには一対一の関係を保障しあう

旭ヶ丘保育園では、どのクラスでも年間計画に基づいて毎月の保育計画を立てています。しかし発達段階に個人差や幅のあるゼロ歳児の場合、一人ひとりの姿をより深く理解して援助していくためにはクラス全体の月案だけでは不十

分だと考え、二〇〇六年度四月から、個人月案を立てて保育をすすめています。

どのような内容かといえば、発達の月齢に合わせ大事なポイントをおさえるという、とても簡単なものです。項目は基本的生活習慣、遊び、運動面、保護者との関わり、保育者の援助・配慮・環境設定などです。

ゼロ歳児クラスは担当制をとっていますので、自分の担当する子どもの個人月案を立てることになります。

たとえばよちよち歩きの時期。そのよちよち歩きをどれほどたっぷり保障できるかを考えます。よちよち歩きには個人差があり、同じ月齢でも同じようにはいきません。また、散歩のときなど、月齢の高い子にはよちよち歩きをたくさん経験させられるのですが、月齢の低い子の場合はどうしても散歩車やバギーでの移動になりがちです。

そんなとき、たとえばMちゃんの個人月案に「自分で歩くことを保障したい」と計画を立てて、担当の保育士とMちゃんが一対一の散歩に出かけます。Mちゃんは自分のペースで歩いて、いろいろなものを発見したり触れたりして散歩を楽しみ、とても満足します。

また、まだ四~五か月で二度寝の時期の子どもたちは、機嫌のいいときに抱っこで一対一の散歩に出ます。園庭や近くの公園に行って、木陰で涼んだり風を受けたり、そのときどきの自然を感じます。

そんなふうに心地よさを共感しあうことの積みかさねが、保育士と子どもとの信頼関係をつくり、子どものなかに安心感が育まれていくのではないかと考えます。そのことが、子どもが安心して保育園で生活し、活動していく基本になっているように思います。

園庭や室内遊びのときに一〇~一五分ぐらいの間、こうした一対一の時間をつくることもできます。ときには不安定になった子が特定の保育士から離れられなくなることがありますが、そんなときは、その保育士がその子と正面から向きあってじっくり関われる時間をつくります。不安定な気持ちを受けとめることで、その子の気持ちも落ち着いてきます。保育者がバタバタ動く時間帯に子どもが不安定になることが多いのですが、そんなときは、「今、おそうじしているのよ」などとことばで伝えることで、子どもが見とおしをもって待てるようになったり、できることはいっしょにしたりできるようになります。

このように、「今、○○ちゃんに一対一の時間をつくりたい」と思ったとき、担当の保育者はほかの保育者たちにその思いを伝えます。そしてみんなで○○ちゃんのことを考え、それを支えていくようにしています。

保育者と子どもが一対一で関わる時間を保障することは、その間、残りの保育者がそれ以外の子を見るということになりますが、そこは保育者同士がコミュニケーションをとりあい、「子どもたち一人ひとりの発達を保障する」ことの大切さを理解しあうことで、お互いに協力することができます。

活躍した「大きな家」

新入の子どもたちも保育園生活に慣れてきて活発に動きだした六月ごろのこと。ゼロ歳児たちがワクワクしながら探索活動をできるような空間をつくろうと、保育室の中に畳二畳分の大きな家をつくりました。「いないいないばあ」をしたり、ハイハイで出たり入ったり、つかまり立ちができるようになどと考えながら、いろいろと工夫しました。

出入り口を二つつくったので、子どもたちが自分で気がついて、ハイハイで一つの出入り口から入ってもう一方の出入り口から出てきたりしました。そんな姿に、保育者もうれしくなって、みんなで喜んでいました。

つくった当初はそんなふうに、子どもたちはとてもよく遊んでいたのですが、月齢も高くなってほとんどの子どもが一歳になる九月ごろになると、その家は子どもたちにとって少し物足りないものになってしまったようです。

そこをなんとか工夫しようとクラス会議の場でも話しあいました。なかなかいい知恵が浮かばず悩んだのですが、一人の保育者の思いつきから「ポットン落とし」ができるような穴を開けたり、屋根や窓をつけたりしてみることにしました。すると子どもたちは、友だちのしていることをまねたり、家の中と外からポットン落とし用のおもちゃを入れたり出したりするなど、友だちと関わったり共感しあったりして遊び、子どもの遊びがぐんと広がっていきました。

このような大型のおもちゃをつくるときは、子どもたちといっしょにつくります。成形はもちろん保育者がしますが、さらに丈夫にするために、子どもたちといっしょに小麦粉糊を使ってクラフト紙を貼りました。

保育者のまねをして、紙に糊をつけてくれる子、糊のついた紙を壁に貼ってくれる子、糊のトロトロ感が気持ちよくてそれで遊んでしまう子、なかには糊をいやがる子もいたりと、遊びや反応はいろいろです。

年度の後半には、和紙に採った自分の手形を家の壁に貼りつけました。

このように、ある日突然、保育室の中に家が現れたのではなく、自分たちもいっしょにつくった家だからこそ、子どもたちも愛着をもって、いつまでもたくさん遊べたのではないかと思います。

予想を超えたどんぐりの遊び

一〇月。一年を通してよく遊びに行っていた近くのお寺の敷地には、まつぼっくりやどんぐりが落ちています。どんぐりやまつぼっくりを拾ったり触ったりして遊ぶことをイメージして、そのお寺に散歩に行きました。

ところがその年はどんぐりがことのほか豊作だったので、行くたびにたくさん拾って、さまざまな遊びをしました。ペットボトルでカバンをつくってその中にどんぐりを入れたり、せっかく入れたどんぐりをぜんぶこぼしてしまい、「あ～あ」と言いながらあわてて拾ったり、子どもの両手にどんぐりを入れて「これを〇〇先生のところに持っていって」と、お手伝いをしてもらったりなどです。

本来なら安全面を考えて、ゼロ歳児クラスではどんぐりでは遊びませんが、ほとんどの子がすでに一歳になっていたので、保育園にどんぐりを持ちかえり、細心の注意を払って遊ぶことにしました。

室内ではスプーンやプリンカップですくったりこぼしたり、ポットン落としやすべり台から転がしてみたり、部屋中にこぼしてどんぐりの海にしたりなど、手指を使って、全身で遊びました。

遊びに夢中になった子どもたちは、どんぐりを口に入れることはほとんどありませんでした。この遊びは二月ごろまで続き、最後は子どもたちといっしょにお寺に持っていって、「どんぐりバイバイ」をしました。

このように計画の段階では考えていなかったような展開をすることもあります。子どものようすをしっかり観察して、今、子どもたちが要求していることは何かを考えながら保育することを心がけました。

保育計画に子どもを合わせるのでなく、子どもの要求に合わせて保育計画をつくりなおすことこそが大事です。保育のお膳立てを保育者がぜんぶしてしまうと、子どもの姿や要求が見えにくくなります。子どもたちといっしょにいろいろなことを経験することで、子どもたちのもっている力が発見できるし、子どもの思いに共感したり、信頼関係を深めていくことができるのだと思います。

個人月案で深まった子ども理解

子どもたちの発達は、ハイハイをせずに歩きだしてしまうこともあれば、反対になかなか歩こうとしなかったりで、本に書いてあるとおりにはいきません。自分たちの立てた保育計画どおりにはいかないこともあります。そんなときは計画を見なおして、その子の現状に合わせて手だてを考えていくようにしました。

ハイハイをせずに歩きだした子には、室内ではリズムをしたり、戸板で斜面をつくって意識的に働きかけたり、散歩先では斜面を上ったり歩いたりする機会をたくさんつくりました。子どもには土の地面がいいと言われていますが、歩きはじめの時期は、ガタガタ道や芝生の地面よりもきちんと整地してある公園のほうが歩きやすく安心のようで、歩こうという気になるようです。

これまでは散歩の行き先をおおざっぱに考えていたところがありましたが、個人月案を立てるようになったときからは、そのときのクラスのねらいや個人のねらいに沿って散歩先を決めることができました。

個人月案を立てることで、保育者自身も学ぶことが多くありました。

ゼロ歳児の発達はめまぐるしく変化していくのでよくわかる反面、一か月もするとずいぶん変化していて、こちらが追いつかないこともあります。記録を残すことで、その変化を確認することができます。集団のなかでは、どうしてもよく見える子と見落としてしまう子がいます。個人月案を考え、文書で残すことで、保育者も一人ひとりのことをあいまいにせず、考えたり、振りかえったりすることができました。

また子どものことをより観察するようになりました。よく観察するということは、保育者主導の保育ではなく、子どもの興味関心に沿って保育することにつながると思います。ゼロ歳の子どもといえども一人の主体をもった人間です。その力を信頼し認めていくことで、子どもたちも自分が大事にされていると実感できるのではないかと思います

担当以外の子どもについても、耳で聞くだけでなく文書で読むことで、より理解も深まり共通の認識にすることができます。

このように担当制で個人月案を立てることにより、子ども理解と援助が深まり、子どもとの信頼関係が濃いものになりました。子どもたちは、担当の保育者を拠点にして、ほかの保育者との関わりもスムーズになり、安心して保育園での生活を送れるようになってきました。

みかん組ゼロ歳（1）月　個人月案

名前 N.S 11月21日生まれ（11か月）	前月のようす・まとめ	今月の課題 ねらい	今月の課題 取りくみ	今月の課題 保育者の援助・配慮
基本的生活習慣（食事・排泄・睡眠）	食 自分でつかんで食べる なんでもよく食べる 睡眠 夕方に寝る。2度寝をする 健康 下痢が治らず 肺炎のうたがい—入院まぬがれる 熱よく出る	・スプーンにも興味を示す ・しっかり寝る ・おまるに座る	・食事のときスプーンをつけるようにする ・夕方寝も保障する	・興味をもつような声かけをする
遊び	・外遊びは大胆にできる どろんこも平気。 ・ポットン落しもできる	・指先を使った遊びを楽しむ ・からだを使った遊びを楽しむ	・ポットン落し 引っぱり布 ・斜面、マットの山	・意識しておもちゃを用意する
運動（手指操作を含む）	・四つばい ・つかまり立ち ・2〜3歩 歩ける	・四つばいをしっかりする	・長距離できるように追いかけっこなどする 斜面もする	・無理をせず楽しめるように
人との関わり	・担任・担当者には慣れてきた ・在園児のなかでも遊べる	・在園児のなかでも遊べる ・Nの存在を認識してもらう	・同じ遊びを経験する	・保育者が仲介に入って、存在を知らせる
家庭との連携	・園でのようすをていねいに伝える ・共働きになって、必死にがんばっている			

子どもと保育士の「対等な関係」とは?

大阪保問研　大阪・東大阪市立鳥居保育所
増本敏子

私は数年間、ゼロ、一歳児保育から離れ、幼児クラスを担任していました。その間に、いろいろなタイプの障害児、また家庭で虐待された子どもたちとも出あい、彼らから多くのことを学びました。そして二〇〇五年に、鴻池保育所で一三年ぶりにゼロ歳児クラスを担当。子どもたち、親たち、保育士との生活で、新たな発見の多い年となりました。

対等でない関係を、どう対等なものにするか?

私はどの年齢を担任していても、「子どもたち一人ひとりがしっかりと自我を育ててほしい」、そして「民主的なおとなになっていってほしい」と願って保育をしています。

そのためにはまず、子ども(そして保育士)が、「子どもと保育士は対等の関係であること」を実感することが大切だと思っています。

しかし、保育士と、おとなの手助けなしには生きていくことさえできないゼロ歳児とは、力関係でいえばとうてい対等とはいえません。またこれまでの保育体験から、おとなの助けなしでは命も守れないゼロ歳児は、おとなに従順なのではないか――ということは、ゼロ歳児は、気づかないうちにおとなの思いどおりになってしまいがちなのではないか、という思いを強くしていました。

では、この「対等でない関係」を「対等な関係」にしていくためには、具体的にどうしたらいいのだろう? どうしたら子どもたちが「保育士と自分たちは対等だ」と実感できるのだろう? ゼロ歳児担当として、こうしたことを、自分に問いただす日々でした。

この、自問しながらの一年間の保育を、以下に報告します。

子どもの発見を大切にする保育って?

ゼロ歳児の保育をスタートさせるに当たって、次の二つのことを考えました。

まず第一点。幼児クラスの担任をしていたときに、「してほしいこと・したいこと」があって、目やからだ全体で訴えているにもかかわらず、それをことばには出そうとしない子に出あいました。たとえば、「お茶ちょうだい」というひとことさえ出さないのです。保育をするうえで特に困るわけではありませんが、「この子の乳児期のときのようすはどうだったかな?」と気にかかっていました。

今回乳児を担任するに当たって、そのことを探ってみたい、と思ったのです。

第二点。年間計画を立てるに当たり、相棒の保育士から「子どもの発見を大切にした保育をしたい」ということが出されました。これはよく聞くことばだし、私自身も大事なことだと思っているけれど……。まだハイハイもしていないわがクラスの子どもたちの「発見」っていったいなんだろう? それを大切にするってどういうことだろう? と、具体的な場面がぜんぜん浮かんできません。でも「子どもの発見」を大切にするには、子どもをよく観察しなくてはならないし、その「とき」を見のがしてはならないし、そのためには、「アレするよ、コレするよ」という保育士主導の保育にならないように気をつけなければ……と思い、「子どもを主体とした保育実践」を自分の課題にしようと考えました。

ゆったりした時間の流れで、子ども自らが気づいていく環境を!

子どもの「朝のおやつ」のときです。サブ保育士が、その部屋に午前寝のための布団を敷き、カーテンを閉めたのです。私も以前ゼロ歳クラスをもっていたときは、同じことをしていました。でもこのときは、「え?」と思ったのです。

確かに保育士の手があいているうちに次の準備をしておくと生活はスムーズに流れます。子どもも、おやつを食べながら「次は寝るんだなあ」と思うかもしれません。

でもほんとにそれでいいのかな? 子どもはおやつの時間を存分に楽しめるのかな?

それで子どもが主人公の生活と言えるのかな？　子ども自身が主体者であるという気持ちが育つのかな？　「拒否する自由を保障する」と言いながら、「おとなの思い以外の生活は認めないよ」というようなメッセージとして子どもに伝わってしまわないかな？　自分の願っている保育と矛盾しないかな？

生活リズムは大切だけれど、決まった時間に布団に入れればいいものではないはずだ、と思いました。そこで、「寝ようかあ」と声をかけ、ゆっくりと布団を敷き、ゆっくりとカーテンを引いて電気を消し、眠そうな子から抱っこして眠気を誘い、「眠ることは心地いいことだよ」と感じるように部屋の雰囲気をつくり、ゼロ歳の子なりに自分からその気になるように、自分たちの保育を見なおしました。

ハイハイをするようになるまでに、おやつや食事を子どもたちの大好きな時間にしておきます。そしてハイハイができるようになったら、食べものをできるだけ子どもから見えるように、香りにも気がつきやすいように、低いテーブルの上に置くようにしました。

初めは視覚的な好奇心から寄ってきますが、やがて食べることを目的に自らやってくるようになります。そんなときは、ほかの子が来るのを待ったりせずに、その子の食べたい気持ちを優先して、即、食べはじめるようにしました。

一人が食べはじめると、ほかの子も友だちと保育士のやりとりに気づいて、やってくるようになりました。まだイメージ（頭のなかに描くこと）ができないゼロ歳児ですが、子どもから見えるように低いテーブルに置くことによって、おかわりなども、手差し・指差しで要求できるようになっていきます。

つまり、「ゼロ歳の子どもの発見を大切にする」ことを実現するには、ゆったりとした時間の流れのなかで、子どもが自ら気づいていく環境づくりが欠かせません。子どもをよく見て、子どもの心の動き（願い）を認めると同時に、それを実現させることが大切です。

こうして、「自分をわかってくれる・安心できる」おとなとの信頼関係を土台に、伝えたい思いが生まれ、手差し・指差しが出て、ことばにつながっていきます。そして、そのことこそが、「自己肯定感」を育てる基礎になるのではないだろうか――ゼロ歳児クラス前半のまとめに当たって、そう思いました。

表情とことばを一致させ、ていねいな対応を

子どもたちみんなが一歳を迎えてことばが出はじめ、イメージができてくると、「子どもの発見」は忙しいくらいに増え、響きあい、保育士が子どもたちから教えられることがいっぱいになりました。

子どもから手差し・指差しが出るまでは、保育士がことばとともにていねいに対応しますが、子どもから手差し指差しが出るようになったら、保育士は、ことばも対応も控えるようにしました。

たとえば、ヘリコプターの音が聞こえてきた場面。「なんかバリバリって聞こえてきた。アッ、ヘリコプターだ！」と知らせます。しかし子どもの手差しが出てきたら、保育士は自分から「見て、見て！」とは言わないようにしました。保育士よりはゆっくりだけど、子どもたちは音がする空を見あげ、そこにヘリコプターを見つけて（たとえ見つけられなくても）、保育士を見かえります。そのときに「ほんとや、ヘリコプターやね」なり、「ヘリコプター、あっちに見えるよ」と受けて、指差しとともに応えます。

共感関係ができている子どもとは、積み木で遊ぶときも、積み木が倒れたと同時に「あーあ」と言うのをやめました。倒れたら、子どもが保育士を見かえります、そしたら「あーあ、倒れちゃったなあ」と、共感を誘うというより、子どもの動いた心にこちらが誘われて共感するような気持ちで、ことばにしていきました。

あるとき、相棒の保育士が言いました。「私、きょうもまた『散歩に行くから靴はこう』って言ってしもたわ。子どもたち、もう散歩は大好きになっているんだから、『靴はこう』なんて言わんでも、『散歩に行こう』だけで、靴をとりにいくのに ー」と。次からは、「はかせて」と、子どもが靴を差しだしたら、「そうやなあ、靴はいて行こなあ」と、子どもが自ら気づいて行動したことをことばとともにしっかり肯定するようにしました。

こんなふうに生活していると、子どもたちはどんどん自らやりだすようになりました。食事の用意を始めると、自分でいすを出してくる、エプロンも自分のはもちろん友だちのも配る、というように。そのうち、食事のあとに、おしぼりやエプロンを汚れもの入れに自分で入れたがるようにもなりました。

もちろん、教えたわけではありません。保育士が、ある子の「やりたい気持ち」に気づいたら、なるべく実現できるよう手助けをします。するとそれに気づいたほかの子がやりたがり、さらにほかの子も――というように広がっていくのです。

でもこれらの行動は、子どもにとっては遊びであり、即「身辺自立」につなげようと強要したりしないようにしよう、身辺自立として要求するのはもっとあとの課題だからと保育士同士で確認しあったのは、言うまでもありません。

自信をもって自分の要求を表現できるように

二人の担任が年度当初に出しあった願いを、一年間大切にこだわりつづけました。これまであたりまえにしてきた保育を繰りかえし繰りかえし見なおし、「今、この場面ではどうしたらいいかな？」と考えながら、日々の保育をつくってきました。

そして次の年、子どもたちはそろって一歳児クラスに進級し、私が担任としてもちあがりました。進級当初も、たとえもちあがりの担任である私がいなくても、緊張して泣きだすようなことはありませんでした。

新担任曰く「『おしっこ出たから脱ごか？』には『うん』だけど、『パンツはこか？』と言うと、サッとパンツを持って増本を探しにいく。増本が部屋から出ていっても泣いたり固まったりせず、『部屋にいるのは嫌やから、ついていこー』『自分で落ち着くとこ行くよー』って感じで、スーッと部屋を出ていく。こんなわかりやすい一歳児は初めてだ」。

コミュニケーションというものがあることにさえ気づいていなかった子どもたちが、「おとなの働きかけに応じる（受け身的コミュニケーション）のではなく、自分がアクションを起こしたことで保育士が、即、心地よくしてくれる」「要求したものが具体的に手に入る、願いがかなう」「イエスだけでなくノーであっても、コメントすれば、保育士がほめたり、喜んだりしてくれる」「保育士に与えられたり教えられたりするのではなく、自分の心が動いたときに共感してくれる」「やりたいと思ったことを実現させてくれる」——そんな経験を積みかさねることで、自信をもって自分の要求や思いを新しい関係のおとなにもストレートに表現できるようになったのではないかと思っています。この自信こそ、自己肯定感につながるはずです。

そしてゼロ歳児と保育士は、力の差こそあれ、自分の生活・自分の人生の主人公であるという意味では、すでに対等な関係なのだという確信をもつことができました。

「子どもは客体から主体になるのではなく、現に主体として生きているのだ」ということを尊重して、ともに生活をつくっていけば、子どもたちも「自分たちは保育士と対等だ」と、感じとってくれるのではないでしょうか。

ゼロ歳児と向かいあい、教える人・従う人ではなく、常に「対等な関係とは?」を探り、そのことを子どもたちにどう実感してもらえるかを探りつづけながらの保育。それは、非常に創造的で、楽しいものでした。

一歳児クラス

えんどうクラスの一年間

えんどうクラス……愛知・こすもす保育園
一歳児クラス

えんどう組（13名）

	生年月日
E	2006年4月
Ha	2006年4月
As	2006年6月
S	2006年8月
T	2006年10月
Sa	2006年10月
R	2006年11月
Y	2006年12月
Er	2006年12月
Ry	2007年1月
Ym	2007年1月
Se	2007年2月
Si	2007年3月

一歳児えんどう組（二〇〇八年度）は、一三人の子どもたちで始まりました。

前年度のゼロ歳児は二つのクラスに分かれて保育をしていましたが、それぞれのクラスから、もちあがりの保育士といっしょに進級してきて、新しいクラス集団になりました。

保育で大切にしたいこと

目の前の子どもたちの姿から、保育計画をつくり、それを保護者に伝え、いっしょに保育をつくっていきます。一年間の保育で大切にしたいことは次のとおりです。

①「楽しく遊ぶ」「おいしく食べる」「心地よく眠りにつく」ことを大切にしながら、生活をつくっていきます。

②おとなとの信頼関係を土台にして、自分の要求をしっかり出し、友だちといっしょが楽しいと思えるような関わりを広げていきます。

③じっくり遊び、「あー楽しかった」と思えるような遊びをつくっていきます。

④お父さんお母さんとともに楽しい子育てをしていきましょう。

友だちといっしょがいい

えんどう組になり、友だちに目が向きはじめた子どもたち。友だちのおもちゃが欲しくなって取ったり、友だちのいるところに割りこんだりして、けんかやトラブルになりはじめました。いっしょに遊びたい気持ちがあるのに、うまく関われないのです。

そこで、子どもたち一人ひとり

の願いを探って、楽しく遊んで気持ちよく生活するためには、どのような工夫・配慮が必要かを考えました。

前半は、月齢差も配慮して、もちあがりのグループでの生活を基本にしました。

九月には、運動会に向けて、みんなでできる楽しい取りくみをしました。そのあとの子どもたちに、グループの枠を超えて友だちと関わる姿が見えてきたので、グループ替えをしました。

子どもたちのようすを見ていると、子ども同士が安心して楽しく関われるのは食事のときだということに気づいたので、新しいグループで食べるようにしました。

午前中の遊びは、子どもたちの姿を見ながらていねいに週案を立て、関わりが少しずつ広がっていくように、新・旧のグループごとに取りくんだり、みんなでいっしょに取りくんだりしました。

たとえば一二月の週案は、（月曜日…旧グループで遊ぶ。火・木曜日…公園へ散歩。帰りは旧グループで時差をつけて帰る。水曜日…園庭で遊ぶ。出るとき、帰るときは、旧グループで行く。金曜日…課業など新グループで遊ぶ）という具合です。

朝や夕方の保育は、グループにこだわらずに少人数で取りくみ、一人ひとりの好きな遊びを保障しました。また、意識的にままごと遊びをして、子ども同士のやりとりを大事にしました。

保護者に支えられ、ともにつくる保育

えんどう組の一年間には、かみつき、ひっかきなどのトラブルがありました。そのつど、トラブルの状況、子どもの気持ち、園の担当者がかみつきやひっかきを止められなかったことへのお詫びを、保護者に伝えました。

また園からお願いして、直接保護者から保護者へお詫びをしてもらうこともあり、ときには、保護者同士で手紙のやりとりをしてくれたこともありました。

保育懇談会でも、なぜかみついたりひっかいたりするのか、一歳児の子どもたちの姿や、保育の見直しを伝えました。「うちの子がかんでしまってごめんなさい」「うちの子だって、かんでしまうかもしれない」という保護者同士のやりとりや、「○○くんの不安な気持ちもわかる」と、かんでしまった子の気持ちを受けとめてくれる声もありました

子どもたちだけでなく、保育士も保護者に支えられた一年でした。

食事

●1人ひとりに安心して落ち着いて食べられる席を用意する。

●おいしく楽しく食べられるように、それぞれの好きなものをさぐる。

好きなものを ことばで 伝えはじめる。
コーンコーン！
ウィンナー！

睡眠

●自分で気持ちよく眠れるように。

●食事が終わったら、自分の布団に行けるよう、布団を敷いておく。

T くすぐり遊びや 足マッサージがお楽しみになり、落ち着いて眠るようになる。

日課

●それぞれの子どもの、ゼロ歳児クラスでの生活を引きつぐ。

大グループ 1回睡眠

●子どもたちが、見とおしをもちやすいように、保育士の動きもできるだけ、同じようにした。

●9時半出の保育士がくると、次の活動に期待して、子どもたちから戸口に向かう。

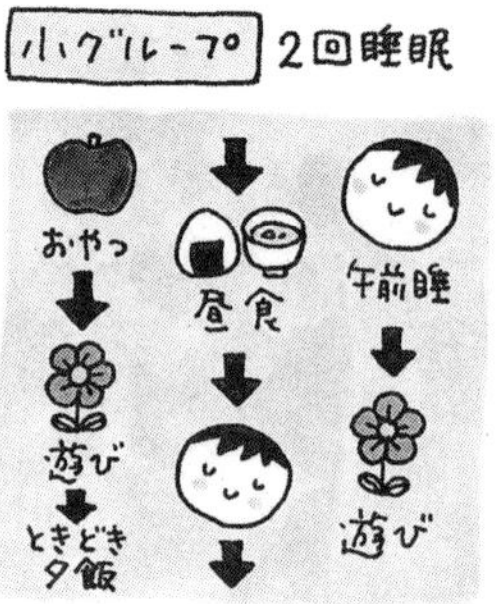
小グループ 2回睡眠
おやつ
遊び
ときどき夕飯
昼食
午前睡
遊び

●活動の区切りに、小グループはおむつを替え、大グループはトイレにさそう。

Ha As 自分でパンツとズボンを脱ぐ。

アンパンマンのおむつを選んではく。

保育室が変わり、担任も変わるなど、環境の変化に緊張したり、不安になったりします。一人ひとりが安心して生活でき、楽しく遊べるように、子どもたちにとってわかりやすい生活を工夫し、自分の要求をいっぱい出せる保育士との関係づくりを大切にします。

そのために、もちあがりの子ども集団や担当保育士を基本にしたグループに分かれて生活します。

●**クラス運営**

大グループ・E、Ha、As、S、T

小グループ・Sa、R、Y、Er、Ry、Ym、Se、Si

保育士・中野（正）、吉田（正）、山下（臨）、横尾（臨、8時半〜9時半）長谷川または渡辺（臨、16時〜19時）

●**行事**

・五月中旬に公開保育を実施。保

遊び

●ゼロ歳児クラス時代の大好きなおもちゃや遊びを大事にする。まんまごっこ・ミニカー・ポットン落としなど。

●月１回、わらべうたの課業が始まる。大好きな、きらきら星のうたを先生といっしょに口ずさむ。

大グループ

公園や広場で遊んだこともあった。

だんご虫さがしなど。
2階のテラスで
三輪車にまたがって
楽しんだ。

散歩

こすもす保育園周辺を、乳母車に乗っていつも同じコースをぐるりと散歩。

着脱・清潔

●着替えコーナーは、大グループ、小グループで別々にする。

●清拭は一日のうちで一番気持ちのいい時間にする。

Ym 食後の口拭きを嫌がる。
拭いたあとに「ばっちいね」と
見せるとじーっと見る。
ばっちいね

排泄

護者といっしょに大グループは庭遊び、小グループは乳母車に乗って散歩を楽しみます。お昼は、給食の試食会。

・五月中旬に保育懇談会を行い、保育のなかで大切にしたいことを伝え、子どものようすを交流しあいます。

1歳児のかみつきやひっかきについても話します。

●**環境**

・大グループ、小グループの遊び・睡眠コーナーを、おもちゃ棚やつい立てで、さり気なく二つに分ける。

・特に大グループは、食事から午睡への見とおしをもちやすいので、保育士の視線や見守りが感じられるような部屋の配置にする。

・ゼロ歳児のとき好きだったおもちゃを準備する。

Ⅱ期 6・7・8月

食事

●給食室と相談して、子どもたちの好きな献立を入れる。
●友だちや保育士といっしょに食べることを楽しみにしながら、一口かみやモグモグを働きかける。

Ha 大盛りにすくうので
ボロボロこぼれる。
「ちいさくね」と、一口分
をスプーンにのせる。

排泄

●午睡明け、大グループがトイレに行く姿を見て、小グループの子どもたちもトイレブームになる。

トイレの水を
ジャージャー流すこと
が遊びになる。

日課

●グループ別に朝の集まりを楽しむ。
「おひさまあはは」「ガタンゴトン」の絵本に、もう一回コールが起こり、なんども読む。

睡眠

●午前睡、午睡だけでなく、朝、夕の休憩タイムをつくる。

お布団でごろごろして
夏の疲れを癒す。

グループに分かれての生活も落ち着いてきました。楽しい遊びで友だちや保育士と共感しあったり笑いあえるよう心がけます。

大グループは、プール遊びで友だちと遊ぶ楽しさを感じはじめ、誰かが何かするとすぐにまねします。小グループも、ベランダのプールで、お湯遊び・水遊びを満喫。

「プールプールプールはみずぎ、プールプールプールはたいそう、プールプールプールはシャワー」はプールに入るまえの約束のかけ声ですが、「プール」のことばに「みずぎ！」と言ったり、シャワーのところに行って待っていたり、自分から動く子どもたちです。

生活面でも「自分で」やりたくなる気持ちを大切にします。

●**クラス運営**

遊び

室内遊び●友だちのまねや同じ遊びがしたくなる。

散歩●ぐるりさんぽ。大グループは、乳母車についている取っ手を持って歩く「もちもち散歩」を始める。

どろんこ遊び●ながぐつで水たまりの中をバシャバシャ。

プール遊び

小グループ

プラブネプールで遊び方が大胆になり狭くなったので、8月よりテラスのプールにデビュー。

体調が悪くてプールに入れないときは、入るまえの体操「はとぽっぽ体操」を「もういっかい」となんどもリクエストして、盛りあがる。

大グループ

テラスのプールで、四つばいになったりワニ泳ぎをして、お湯を全身で楽しむ。噴水遊びは、頭をつけたり、顔をつけたり、5人でいっしょ。

着脱・清潔

●楽しく自分から着替える気持ちを大切に。
●水遊びを期待して自分から脱いで水着をはこうとする。

大グループ・E、Ha、As、S（8月に転園）、T
小グループ・Sa、R、Y、Er、Ry、Ym、Se、Si
保育士・中野（正）、吉田（正）、山下（臨）、横尾（臨、8時半〜9時半）長谷川または渡辺（臨、16時〜19時）

●**行事**

・7月の懇談会は「つくって食べる」。給食室の職員と夕食の調理実習をしたあと、子どもの食事についての悩みを交流しあったり、お父さんの家事・育児についての話にもなり盛りあがりました。
・プール開き（7月）は2歳児といっしょに行います。

●**環境**

・これまでそれぞれのグループのコーナーにあったおもちゃを、遊びごとに分けて、コーナーをつくる。ままごとコーナー・絵本コーナー・車コーナー・ブロックコーナー・キューピーさんコーナー。

III期 9・10・11・12月

食事

●グループごとに時差をつけて食べる。

●「おいしいね」と共感しあったり、スプーン、おちゃわんの使い方を見せて伝えるために、おとな用の食器を準備する。

●好きなものが決まってくる。苦手な野菜を友だちが食べているのを見て、食べてみようとする。

日課

●「自分で」を引きだすゆとりのある日課にする。小グループも午前睡がなくなり、まとめて午睡で眠れるようになる。24時間の心地よい日課をつくるために、午睡は15時までに起こす。

●クラスみんなでの朝の集まりが楽しくなる。

排泄

●小グループはトイレが大好きになっていくが、大グループはトイレに行くのを嫌がりだす。

大グループ

お兄ちゃんパンツに切りかえていく。

睡眠

●楽しく遊んだ満足感から、心地よく入眠する。

●「おばけがくるよー、ねんねー」とHaに言われて、E怒りけんかになる。

○○ちゃんがいいー！
寝かせてくれる保育士をご指名。

小グループも大きくなり、大好きなおとなから友だちへと気持ちが向いてきて、泣いている友だちにその子の好きなおもちゃを持っていってあげたり、頭をなでてあげたり。反面、かみつきやひっかきなどのトラブルも起こります。

一人ひとりに大好きな遊びを保障することと、友だちといっしょが楽しいと思える遊びをつくることが大切です。週案を立ててこまかく見なおし、朝夕も少人数で遊ぶようにします。

運動会を契機にみんなで遊ぶことも少しずつ楽しくなってきます。クッキングで焼きいもづくりなどを楽しみ、ホットプレートの上のおいもに二十四の瞳が集中します。

●**クラス運営**

11月にグループ替え

遊び

運動会に向けて、みんなで遊ぶ遊びをさぐる。

ライオンごっこ

「ガオー」と言いながら、四つんばいで階段を上りホールへ。ライオンのリズム遊びで、保育士の上に乗ったり、くぐったり、12人が歌に合わせて遊びだす。

●1人ひとりの好きな遊びを見つけて広げる。

H　A　Sa　汽車やプラレールなどの集中力がすごい。

T　Ym　デュプロの動物が気に入る。具体的なものが遊びやすい。

E　大グループの友だちの名前を呼んでいっしょにパーティごっこに誘う。

Se　Ry　おもちゃのやりとりをしている。

R　Si　Er　Y　キューピーをおんぶして、おでかけごっこ。

●友だちのまねをしたり、いっしょに遊んだり。取りあいも激しくなる。

●「めでたいな～」お誕生会ごっこがブームになる。

散歩

火、木はみんなで初日公園へ行く。友だちと手をつないでのすべり台遊びを楽しむ。砂遊びでは型抜きがじょうずになり「できた！」「つくって」と保育士に伝えにくる。

新しいグループでの遊び

新聞紙をやぶり、テラスで三輪車に乗り、なぐり描き、シール貼りなど。

着脱

● 自分でできることを広げていく。自分でくつがはける子が増える。Tシャツをかぶる。引きだしから、自分の着たい服を持ってくる。

みかんグループ・E、T、R、Y、Ry、Se

りんごグループ・Ha、As、Sa、Ym、Er、Si

保育士・中野(正)、吉田(正)、山下(臨)、長谷川（臨、16時～19時）

●行事

・運動会では、親子でスキンシップ遊びと、ライオンのリズム遊びを楽しみました。

・保育懇談会。10月は、運動会の親子競技の出しものの練習。12月は、子どもの遊びのようすをビデオで見たあと、家でのようすの交流をしました。

・遠足（10日）。

●環境

子どもたちの眠ろうとする気持ちから入眠までの時差を保障するため、睡眠コーナーを一つにして、まだ眠れない子のコーナーをつくる。絵本や落ち着いて遊べるブロックなどのおもちゃを準備する。

排泄

●月齢の高い子から、パンツをはいている時間を長くする。
●月齢の高い男の子に、立ってするおしっこの仕方を伝える。
●出るまえに教えてくれたトイレでおしっこ、うんちが出る子が増えた。

食事

●どの子も食べたいものがある献立づくり。
● 味みを楽しむ。

Er　給食室が自分のために持ってきてくれたものや、目の前でちいさく切った蒸しパンなど、ちょっとした工夫で食べられるように。

睡眠

●「そばにいるよ」 自分から入眠できるように少しずつ間のある支え方をしていく。
●電気が消えると「ねんねいく～」と自分から布団へ来てごろんと横になる。

Y まんまるさんの
カードが大好き。
手さげ袋にんれて
いつも 持って寝る。

日課

●保護者と伝えあいながら、月齢の高い子から、早寝早起きができるように、午睡を早めに起こす。
お部屋が明るくなると、自分から起きる子が増えた。

みんなで遊ぶことが楽しくなってきます。12人の子どもたちが「もっと遊びたい」と思うようなえんどう組の遊びの文化づくりをめざします。

公開保育でも遊んだおばけちゃんごっこ。「おばけちゃんになーれ」と保育士に魔法をかけたり、逃げまわったり、おばけ役の保育士のまねっこをしたり。いっしょに追いかけたり追いかけてきたりと、一人ひとりのつもりで遊び、みんなで一つの遊びを楽しんで、「いっしょが楽しい」につながっていきます。

また、月齢の低い子どもたちの思いもはっきりしてきて、「いやー」「いっぱい」の自己主張が続出。「保育士が見守ってくれている」「わかってもらえた」という安心感をもたせることはとても

遊び

●ままごとや、おでかけごっこの輪が広がる。2、3人でキューピーやお人形をおんぶして袋におもちゃを入れて、サイフを持ってお買いもの。電車に乗ってバスに乗ってお出かけ。デュプロの動物やぬいぐるみでねんねごっこやおさんぽごっこ。

ホールでみんな遊び

こちょこちょおいかけっこ、トロルごっこから、おばけちゃん遊びに発展。「チチンプイプイ」と子どもから魔法をかけたり、「おばけ～」と手をブラブラさせて追い追われ遊び。

おばけ～

着脱

●友だちの衣類がわかり、誰のものか教えてくれる。

T　汚れたトレーナーは脱ぐけど、Tシャツは着ていたい、「ジャージがいい」と、着たいものを主張。

清潔・片づけ

●食後は口ふき（仕上げはおとな）をしてエプロンとタオルを自分で片づける。

清拭を、
今日はやめておく
お断りのことばもでてくる。

●活動の区切りにおもちゃなどは保育士といっしょに片づける。

大切です。

●**クラス運営**

1月から2月はⅢ期と同じ、3月、2歳児クラスに向けてグループのメンバーを入れ替える。

みかんグループ・E、Ha、As、T、Sa、Er

りんごグループ・R、Y、Ry、Ym、Se、Si

保育士・中野（正）、吉田（正）、山下（臨）、長谷川（臨、16時～19時）

●**行事**

・公開保育＋保育懇談会（2月）。公開保育は、お父さんお母さんといっしょに追いかけ遊びを楽しみ、夜の懇談会は大きくなった子どもたちの姿を交流しあいました。

・もちつき大会（1月）。

・遠足（3月）。

●**環境**

・お部屋の配置はⅢ期と変わらないが、子どもたちの発達に合ったおもちゃや絵本と入れ替える。

子ども同士の関わりをていねいに――かみつきを未然に防ぐことも

京都・西野山保育園
小瀬里子／角道育子／吉村千歳／田中妙

京都市の東部にある西野山保育園は、産休明けから就学まえまでの子ども一二〇名定員の保育園です。保育時間は七時から一九時までで、待機児解消のため定員を超えて受けいれ、現在一二八名が在籍しています。

全国的に子育てのむずかしさが語られるようになって久しいですが、当園でも長時間労働により子どもと向きあう時間がもちにくい保護者や、通常の安定した親子関係がもてないため、子どもだけでなく家族ぐるみで支援が必要なケースも増えてきています。

生活の流れや保育環境の見なおし

年度初めは九人でスタートしたゼロ歳児クラスも、ほぼ毎月のように新入の子どもを受けいれ、年度末の三月には一九人にまで増えました。日々、生活をまわすことで精いっぱい。産休明けから二歳まえまでの子どもが同室で過ごす困難さを抱えていました。

しかし、乳児期こそ月齢差に合わせた保育が大切だし、子ども一人ひとりが保育者にしっかり向きあってもらっている実感がもてる生活が大切であり、そのためには小集団での安定した環境づくりが必要だと職員間で話しあいました。

ゼロ歳児保育室は、以前から一角をポリカーボネート製の戸と扉で仕切って二部屋になるようにしていましたが、この年度に、さらに広いほうの保育室に二か所、可動式の仕切り柵を設置しました。

一部屋を用途に合わせて四つに分けられるようにしたことで、食事・睡眠・遊びなど、生活が入りみだれてしまうことがなくなりました。

少人数ずつ対応することで、保育士と子どもとの間に対話が増えました。また空間が仕切られたことで、子どもにも生活の見とおしがわかりやすくなって、ゼロ歳児なりに自発的に次の行動に移っていく姿もでてきました。

翌年、一歳児クラスに進級する時点で二〇人の集団になったので、月齢により一〇人ずつの二クラスに分け、さらに月齢の低い三人はしばらくの間ゼロ歳児クラスに残してスタートしました。

「一人ひとりの生活をていねいに」をめざして生活の流れや保育環境を見なおし、小集

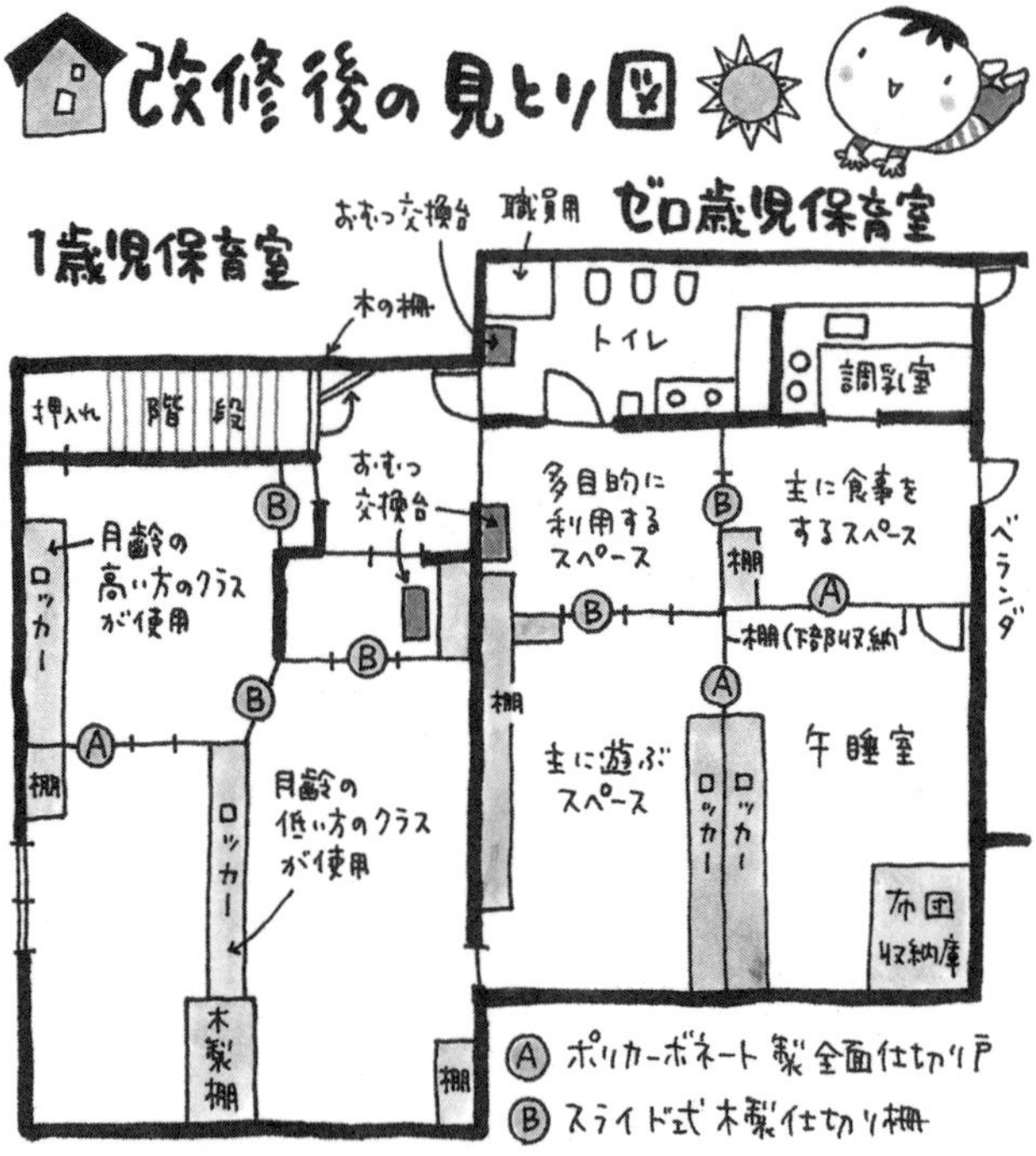
改修後の見とり図
1歳児保育室
ゼロ歳児保育室
おむつ交換台
職員用
木の柵
トイレ
調乳室
押入れ
階段
おむつ交換台
多目的に利用するスペース
主に食事をするスペース
ベランダ
月齢の高い方のクラスが使用
ロッカー
棚
棚(下部収納
主に遊ぶスペース
午睡室
ロッカー
ロッカー
月齢の低い方のクラスが使用
ロッカー
木製棚
棚
布団収納庫
Ⓐ ポリカーボネート製全面仕切り戸
Ⓑ スライド式木製仕切り柵

団の保育を工夫して実践することにしました。

まず、保育室の空間をどうつくるかを考えました。一歳児クラスの保育室は大小の二つの保育室があったのですが、大きいほうの部屋を、子ども同士が視野に入らないくらいの高さのロッカーで二つに区切り、完全に二クラスに分けて生活することから始めました。

さらに、より安定した生活を送るために、次のことを大切にしました。
・生活の場面で、たとえば散歩に出かけるときにいっせいに出るのでなく時差をつけるなど、何かをいっせいにする時間をできるだけ減らす。長い待ち時間をなくす。
・昼食後はすぐに布団に入るようにし、順次子どもが静かに眠れるようにする。
・大きな声を出さず、話しかけるようにして個々に伝える。
・子どもが見とおしをもちやすいように生活場面の流れを工夫する。
・パンツはき台、おむつ交換台などを設置し、何をする場所かはっきりさせる。
・おもちゃは、発達に見あったものを適切な数そろえる。
・保育者の動線を整理し、バタバタ動くのをやめる。
大きいほうの保育室をロッカーで仕切ったため、一方のスペースからちいさい部屋へ移動しにくくなったので、年度途中、どちらからでも出入りできるように戸口をつける改修工事をしました。さらに、手洗い場やおむつ交換台と遊ぶ空間との間に仕切り柵を設置したことで、より少人数での安定した生活ができるようになりました。

また、時差勤務のため担任保育者の数が減っていく夕方の時間帯に、パート保育者をそれまで以上に配置し、より小集団に分けて保育できるよう、保育体制の面でも保障してもらいました。

何が起こったのかをちゃんと見てたよ

ある日の遊んでいる時間でのできごとです。S君（二歳二か月）のつくっている積み木を笑いながらこわしてしまうKちゃん（二歳五か月）。S君は表情をゆがめたり、「もお!!」「やめて!!」と訴えますが、またこわされてしまいます。そしてとうとう手が出てしまいました。このとき、保育者Aに「たたかないでお口で言おうね」と注意されたとたん、S君は大泣き。S君は「Kちゃんが、Kちゃんが」と涙を流しながら抗議。

少し離れたところでほかの子の援助をしながら二人のやりとりが視野に入っていた保育者Bも加わって、「積み木つぶさはったの、S君はいやな顔したんやなあ。『やめて』も言ったんやなあ」と言うと、S君は大きく「うーん」とうなずきます。

保育者とS君のやりとりの間もKちゃんはS君を指さして「ぺん！　ぺん！」とたたかれたことを、訴えつづけています。

保育者Bが「『ペン、ペン』ってしたらあかんなあ。けれどKちゃん、S君が『積み木つぶさんといて』っていやな顔してはったん見てあげた？『やめて』って言ってはったの聞こえたかな？」と言うと、Kちゃんは「うん」と答えます。保育者Bが「そのお顔見てガーンって積み木こわしたら、S君、怒らはるなあ。でもKちゃんも積み木ほしかったの？　S君と遊びたかったの？」と聞くと、Kちゃんは「うん」。

Kちゃんと保育者とのやりとりをジーッと見ていたS君が、このとき、自分の使っていた積み木をそっと差しだしてくれました。そしてまた、遊びはじめることができました。

保育者が結論をださなくても、じっくりやりとりをするなかで、子どもも保育者も気持ちがまとまり、解決した場面でした。

集団保育のなかで一人の保育者がすべてを把握するのはどうしても無理があります。しかし誰かが必ず見ている環境づくりをしたことで、一歳児の心の成長、思いの奥深さを垣間見ることが増えました。

子どもは、結果だけではなく、自分の気持ちがおとなに「伝わっている」と実感することを求めているのではないでしょうか。

自分ではまだことばにできないけれど、言われていることがそのとおりなのか、微妙に違っているのかは、しっかり感じているようです。目や表情で一生懸命伝えよう、訴えようとしている一歳児の姿を痛感しました。

大人数のなかでは、かみつきなどが起こってからの対処になってしまいます。そこに至るまでのやりとりが見えていなかったために、推測で判断せざるをえなかった部分があったかもしれません。

ずっとガマンの末に起こってしまったかみつきに、どこまでその子に寄りそい、気持ちの代弁ができていただろうか、時間的な余裕があっただろうかと、これまでの保育を振りかえるいい機会になりました。

それぞれの思い、わかってるよ

またある日の、食事がすんで午睡まえのできごとです。

Aちゃん（一歳六か月）は食事中で、先に食べおえたBちゃん（一歳八か月）がAちゃんの布団に寝ころんでいました。お腹がいっぱいになったBちゃんは、布団が敷いてあるのを見て気持ちよさそうに思ったのか、その上に寝ころんで楽しそうにしていました。

食事が終わったAちゃんは、Bちゃんが自分の布団に寝ころんでいるのを発見！　Aちゃんはウェーンと泣きながら布団にしがみつき、一生懸命に自分の布団であることを主張していました。Aちゃんは「布団からおりてー」という思いで必死で手でBちゃんを払いのけ、Bちゃんも布団からおりました。気持ちよく寝ころんでいたBちゃんは、Aちゃんの突然の怒りにとまどって布団をおりたものの、足だけスーッと布団の上にのせました。その足を見たAちゃんは「いやや！」と必死に払いました。

ほかの子の着替えを手伝いながら、保育者はAちゃんの思いを伝えたりしながらBちゃんに声をかけていましたが、払われても払われてもしつこく足をのせるBちゃん。「いやや！」と訴えていたAちゃんが、ついにがまんできなくなり口をあけ、かみつこうとしましたが、このときは保育者が止めに入って、かむまでには至りませんでした。

AちゃんとBちゃんのやりとりを見ていた保育者は、どちらが悪いということではないけれど、それぞれの主張にズレがあったり、自分の思いをことばで表現して相手に伝えることができず、泣いたり、身ぶりや表情で伝えようとしている子どもの姿があることに気がつきました。

すぐにかむのではなく、そのまえの段階でなんらかの手段で自分の思いを伝えようとしている子どものサインに気づくことが大切だと思いました。

子どもの姿が見えていることの大切さ

乳児クラスの人数がどんどん増えるにもかかわらず、予備の部屋もなく、日々の生活をまわすことが精いっぱいのなか、もっと子どもの心に寄りそいたい、家庭的な雰囲気のなかで、抱っこしたり、ことばもいっぱいかけてあげたい、と願ってきた私たち保育者。

この長年の悩みを解決するために、とにかく自分たちでできることを試してみようと、時間を見つけては話しあいを重ね、よりよい方法や工夫を試みてきました。また、研修に出かけたり他園と交流をして、わが園に生かせるよう学びつつ実践してきました。

工夫を重ねるうちに、子どもも保育者も振りまわされているような生活ではなく、どこかホッとできる間合いがもてていることに気づきました。

これまでも、子どもの姿はしっかりととらえようと、一生懸命努力してきていましたが、大人数だと、見ているようで見えない部分が出てしまい、かみつきなどは「ギャーッ」という声で気づくことも多々ありました。子どもの姿が見えていると、かみつくまえに子どもの気持ちをくみとることができて、かみつきを止めることができたのです。

発達の特質上、かみつきは起こると思いますが、多発する場合は、それを減らす方法があるということもわかりました。

この間の実践は「かみつきを減らす」ことが目的で始めたわけではないけれど、結果的に、かみつきがほとんどない状態で終えることができたことはよかったと、職員間で話しあっています。

一歳児の遊びがわかったぞ――みたて・つもり遊び

大阪・上野芝陽だまり保育園
榎本晴美

二五年まえのことです。私は初めて一歳児を担当しました。そして、一歳児の遊びは「みたて・つもり遊び」だというけれど、どんな遊びをしたらいいのだろうか、と悩んでいました。そして悩みつつ実践しながら行きついたのは――「みたて・つもり遊び」は「生活再現遊び」であって、子どもたちのなかに蓄積された「生活」を子どもたちが遊ぶのだから、まずは、保育士は「子どもたちがどんな遊びをしているのかをよく見ること」が大切、そして、楽しい生活を送りながら、「子どもから遊びが出てくるのを待っていること」だ——ということでした。

保育士が「これで遊ぼう」と、保育士が用意したものを使って子どもから引きだす遊びではないということ、見立てやすい素材をさりげなく置いてはおくけれど、保育士が先頭にたって（たとえばダンボール箱を持ってきて「ダンプカーやで」と）遊びだすのではない、ということなのです。つまり、ゼロ歳児でも一歳児でも、「遊びの主体者は子どもである」ということを、実践を通してつかみました。しかし、こうやって自分ではつかんだことを、人に伝えるのはなかなかむずかしいものがありました。

ところが二〇〇四年、運動会の取りくみのなかで、その機会が訪れたのです。

その内容を、一歳児担当の山本悠子保育士のまとめから、紹介します。

「園長、遊びません」「大丈夫、遊びだすよ」

〈山本悠子保育士のまとめから〉

運動会の取りくみのなかで、私たちは「いろんなものに見立てられるおもちゃ」として、新聞紙を何重かに折ってその中に針金を入れ、両端にはマジックテープをつけたおもちゃを考えました。「折ったり、巻いたり、くっつけたりできる」——つまり「変化させられる」と思ったのです。

新しいおもちゃ（新聞紙でつくったもの）を部屋に出すと、子どもたちはさっそく遊びだします。「ぼうしやねん」、クルクル巻いて「おにぎり」。すごい！　いっぱい見立てられる！　ヒット作品やね、と保育士同士で喜びました。一回めの運動会での見あいっこ

（予行練習）では、「よく遊んでいる」「みんなが一つのイメージで遊んでいる」と、いい意見ばかりが出たので、「このまま遊んでいけばいい」と思いました。

遊びが広がらない

ところが、その遊びがそれ以上発展していきません。発展しないから、毎日遊んでいくうちにあきてきました。

二回めの「見あいっこ」のときはさんざんでした。子どもたちはバラバラで、ぜんぜん集中してくれません。実行委員の人たちも、「何があったの？　どうしたらいいの？」と心配はしてくれるものの、方向性は出てきません。そのとき園長が、「子どもらがぼうしに見立てたのね。そしたらそれを使っての遊びは誰が考えたの？」と聞いたのです。すぐには何を言われているのかわからず、「遊びは保育士が考えたんですけど、いけないんですか？」と聞きかえしました。

園長の答は次のようなものでした。

「みたて・つもり遊びでしょう。つもりは誰がつもりになるの？　子どもやね。ぼうしに見立てた、そのぼうしを使って何をして遊ぼうか、と子どもが考えていることがわかる？　いろいろ思っていると思うよ。なのにあなたらは『散歩に行こう』と、一つに決めつけてしまっている。だから遊びがいろいろに広がらないのよ。待ってやってごらん。子どもらはいろいろ考えるよ」

そうです、「つもり」を忘れていたのです。子どもたちが「見立て」た！　それ！　これで遊べ！　と、保育士の考えを子どもたちに押しつけてしまっていたのです。

そこで、子どもたちを見守ることにしました。子どもたちは「ぼうしやねん」とか「おにぎり」と言ってくるので、「ステキなぼうしやね」とか「おいしそう」とかいう共感のことばはかけました。私たちが「散歩に行こう」と言わないので、子どもたちは遊びださないのです。子どもたちはとまどっているように見えました。「園長、遊びません」と言うと、「大丈夫。遊びだすよ。見守りなさい」。そう言われても確信がもてず、胃が痛くなるほどつらい三日間でした。

子どもたちが遊びだす

四日め、「電車やねん」と一人が走りだすと、何人か子どもたちも「○○電車やねん」と走りだします。すると違う子が、「カンカンカン」と踏み切りをつくります。離れたところではトンネルをつくっている子もいます。こうなると、毎日遊んでもあきません。

遊びが広がる

運動会が終わっても遊びは続いていました。ある雨降りの日。新聞紙のおもちゃをさっそくかさに見立てて遊びだしました。かさをさして保育園に来たからでしょう。しばらくすると、誰かが「雨やんだの」と言って、伸ばした棒の先を曲げて、タオルかけにかけているのです。「これなんやな、見守るということは」と思いました。子どもはいろいろ発想する、だから遊びが広がりおもしろくなるのだと気がついたのです。

これらの遊びを見ていて、みたて・つもり遊びは、「子どもたちが経験したこと」から発するのだから、「豊かな生活経験」が大事なのだということも、改めてわかりました。

私もそれまで、自分のつかんでいることをなかなか伝えられないもどかしさを感じていたのですが、このとき子どもにまかせなければならない「つもり」のところを、保育士の考えで遊んでいたということに、私も気づいたわけです。子どもの見方が変わると、保育士にもいろんなことがわかってくるようです。

運動会後、子どもたちはどんどん変わりました。それまでは、かみつきが多くて親から苦情がくるなど、保育士同士もギクシャクしているクラスだったのですが、「みたて・つもり遊び」が始まってからは、かみつきがピタッとなくなったのです。

イメージを共有して遊ぶわけですから、子どもたちの気持ちが通じあうのも当然です。そして子どもたちが楽しく遊んでいるようすを保護者に伝えれば、保護者との関係がどんどんよくなるのもうなずけます。

ある日、私が「かみつきなくなったのと違う?」と声をかけると、「えっ? いやほんと。気づいてへんわ」という答えが返ってきました。保育士たちが、一番楽しんで夢中になっていたのかもしれません。

また、保育士同士の関係性について言えば、二回めの保育のまとめで、「保育の視点を統一し、保育の役割を明確に」ということで「遠慮して意見を言わなければ子どもに影響する。保育のうえでは保育士同士は対等・平等ということで意見を出しあい、子どもを真ん中にしてわかりあうまで話しあいました」とまとめています。

豊かな生活体験とみたて・つもり遊び

山本保育士は「みたて・つもり遊び」をきわめたいと、もう一年一歳児の担任を希望しました。翌年の一歳児の担任保育士たちの実践には目を見張るものがあり、私もいっぱい学ばせてもらいました。

前年度の実践から、一歳児の「みたて・つもり遊び」は生活が基盤であることを学んだし、楽しいと思える生活を繰りかえすことで、「みたて・つもり」が豊かになることを、彼女たちは実感していました。そこで次の年は四月から、子どもに「生活の具体的な中身」を知ってもらえるような生活づくりをしようということになりました（月齢が高い子どもたちだったので）。そして、保育士がふだん「雑用」としてやっていることを、子どもの目の前でやることにしたのです。

床が汚れたらぞうきんで拭きます。服が汚れたら洗います。そのときに、「バケツで洗ってしぼる」「タライに粉せっけんを入れてゴシゴシ洗う、干す、乾いたら取りこむ、たたむ」という活動を、保育士が手早くさっさとやってしまうのではなく、子どもの目の前でていねいにやるようにしたのです。すると子どもは、「何してるの?」と寄ってきます。「汚れたから拭いてるの。手伝ってくれる?」と言うと、やりだします。そして次々に子どもたちがやってきます。「そこのぞうきん、持っといで」と言うと取りにいきます。一人ひとりのぞうきんを、目の前でしぼってやります。「そこも拭いてね。このすみっこも」と言うと、もう、大そうじ大会に早変わりしてしまいます。

まだご飯を食べている子も、大急ぎで食べて拭きそうじに加わります。「まっ黒」と持ってきたぞうきんを、子どもは自分でバケツに入れてジャブジャブ洗い、それを保育士がしぼります。ロープを張って、「そこに干してね」と干してもらい、大そうじ大会は終了です。「ありがとう。お部屋ピカピカになったわ。さあ寝よう」と、さっさと寝るところに移動します。もちろん乾いたら、取りこむのも子どもとやりました。

そして、この共通体験が遊びに出てくるようになりました。ここで大事なことは、「そうじごっこ」や「せんたくごっこ」が出てくるようにするために、この活動に取りくんでいるのではないということです。あくまでも、「豊かな生活体験」という視点でやっているということです。もちろん子どもたちにとっては楽しい活動なので、布をぞうきんに見立てて、そうじをしているつもりで遊びだしますが、たとえそのような遊びが始まらなくても、保育士が遊ばせたりはしません。

そのことは、お風呂ごっこの事例でよくわかります。六月ごろ、箱で遊びだしたので、全員の箱を用意しました。でも子どもたちは、「お風呂入ってる」とは言わないのです。

保育士は私に、「お風呂が出ません」と言いにきていました。私は「もうじきプールになるから、出てくる」と言っていたのですが、プールのときに実際にシャンプーしたりからだを洗ったりしたのに、「お風呂ごっこ」は出なかったのです。それが出

てきたのは秋でした。しかも箱には入らず、「からだ洗っててんねん」という遊びでした。「ほんまやね。外国じゃあるまいし、湯船でからだ洗うなんてしないもんね」と、子どもに教えられたと話しあいました。保育士たちは徹底して子どもを見ているな、と私は感じました。

またこんなこともありました。プールからあがって着替えをすませた子が、飛びながら部屋に入ってきたのです。保育士が「何になってるの」と聞いても、その子は答えません。そのとき手伝いにきていた五歳児が「とんぼやん」と言いますが、そのときもその子は「とんぼ」とは言わずに飛びつづけます。あとから部屋に入ってきた子も、みんな次々と飛びだします。しばらくして、もういちど保育士が「何になって飛んでるの」と聞くと、あとから飛びだした子が「セミ」と言い、はじめの子も「セミ」と言ったというのです。「子どもの思いは、子どもに聞かないとわからないな」とつくづく思ったできごとでした。

このように、私が一歳児の保育を手にとるようにわかっているのは、山本保育士が書きつづけてくれた日報のおかげです。大学ノート二〜三ページにわたってびっしり書かれていました。読むのが楽しみだし、私も思ったことを赤ペンでどんどん書きました。

あとから山本保育士は、「どんなことばかけをしたらいいのかわからず、声かけができなくなったこともあった。でも、毎日アドバイスがもらえたから、少しずつわかってきた」と言っていました。

これでいいのだと確信になるまでは時間がかかるようですが、子どもの見方をしっかりつかむいい機会になりました。

始まりは「かみつき対応」
――トトロ散歩とまっくろくろすけに夢中になった子どもたち

埼玉・あかねの風保育園
宮澤麻梨子／長尾鈴子

あかねの風保育園は、二〇〇七年四月に開園した産休明けから就学まえまでの六〇人定員の保育園です。埼玉県所沢市の西部に位置し、東側は小・中学校に隣接、南側に茶畑が広がり、西側には白旗塚を中心にけやき林、広い原っぱ、どんぐりがたくさんなる雑木林が続きます。四季折々の景色が美しく、子どもたちにとって絶好の環境です。

一歳児のりんご組は、男児四名、女児五名の九名、担任二名のクラスです。新設したばかりで全員が初めての集団生活ということもあり、まだ歩けない子がいたり、父母との別れに長泣きする子もいました。

かみつきブーム

秋の運動会が終わったころから自我が芽生えてきた子どもたち。自分なりの思いや考えをもつようになってきて、さらにその思いや考えを友だちに対して出せるようになると、お互いに自分の気持ちをぶつけあう姿も見えてきました。

友だちへの興味や関心が強まるとともに、「友だちが使っているものが欲しい」「同じものを使いたい」と、おもちゃや場所をめぐるトラブルが増えはじめました。取りあいのなかで、相手に「やめてー」「めっ」と言える子は少なく、言える子も、いつも言えるとはかぎりません。それに、たとえ「やめてー」と言ったとしても、相手がそこで引くわけもなく、トラブルは続きます。まだまだことばで伝える力が不十分なため、「自分の意見を通したい」という思いから、手や足、口が出るようになり、トラブルが多くなっていきました。

なかでもかみつきは、かみつかれた子が次の取りあいではかみつく側になるなど、連鎖的にクラスの中に広がって、やられてはやりかえすという悪循環になっていき、一日に何件ものかみつきが起こる「かみつきブーム」となってしまいました。

いつも同じ子がかみつくわけではなく、どんなに気をつけていても保育者の目の前で起こってしまったり、どうしても止められないこともあります。そうなると保育者としては、ますます「かみつきがないように見ていなきゃ」という思いが強まります。その思いが子どもたちにも伝わってしまうらしく、一日になんども同じ子がかまれてしまうこともあり、この事態には本当に悩みました。

かまれたところを水で冷やしてアロエを貼り、保護者の方にあやまりながら、状況を説明する日々が続きました。

かみつかれることが続いてしまった子の保護者から、「なぜ、うちの子だけがかまれるんですか?」と聞かれたことがありました。お迎えにくるたびに、かまれた跡が残っているわが子を見るのは、保護者にとってやはり心が痛むことだと思います。

「止めることができなくて申し訳ありません。○○ちゃんのことが大好きなので、同じおもちゃを使いたかったみたいで……」と、かみつきが起こってしまった理由や、ことばを獲得中の子どもたちの姿を説明しました。

ときには、かまれてしまう子どもの父母が不安にならないよう、懇談会などで「かみつき」について園長に話してもらったりしました。

かみつく理由とその対応

かみつきが起こるときの子どもたちの姿をこまかく見ていくと、その子なりにかみつく理由や過程がありました。

Yくん●ことばが出ないので、「いや」という感情を表す手立てとしてかみつきが出ていた。ひっかきやかみつきによって自分の気持ちを表現していた。

Rくん●ことばで自分の気持ち・思いを表せるが、おもちゃや場所の取りあいになると、とっさに口が出てしまう。クラスを問わず相手が誰であってもかみつきが出ていた。また、力が強いためかむまねをして相手を威嚇することもあった。

Kちゃん●取りあいになったとき「どうしても譲れない」という最終手段でかみつきが出てしまう。早い時期に「やめて」「Kちゃんの」とことばで伝えられるようになり、しだいにかみつきも減っていった。

Uちゃん●最初はかまれる側だったが、トラブルのなかで「こうすれば相手は痛い」ということを覚え、自分の思いどおりにならないと口や手が出てしまう。また、イライラしているときには、友だちがまわりにいるだけでうっとうしいと感じるらしく、目の前にあった腕や指をかんでしまうこともあった。

Sくん●友だちの持っているものが欲しいなどの場合に、かみつきが出ていた。やはりことばが出ないので、自分の思いをかみつくことで表現していた。

トラブルになりそうな雰囲気になると、保育者がそばに駆けよって「○○ちゃんも使いたいの?」「貸してって聞いてみる?」「今は△△くんが使ってるんだって。同じの探してみよっか」と保育者が仲介をしていきました。かみつきが起きてしまったあとは、「痛かったよね」「ガブしたらお友だち痛いよね」「○○くんも使いたかったんだよね」と、かんでしまった子、かみつかれてしまった子、両方の気持ちを代弁していきました。

活動から次の活動に移る時間帯にトラブルが多く起こるので、保育者が必ず子どもたち全体を見ることができる場所につくようにしました。また、場所やおもちゃの取りあいを少しでも減らせるようにと、環境を整えていきました。できるだけ広い場所で遊んだり、同じ種類のおもちゃをそろえました。おもちゃは子どもたちの人数分そろえるようにして、ブロックや積み木は個数のあるものを選びました。

トトロ散歩とまっくろくろすけの登場

どうしたらかみつきを減らすことができるだろうかと、クラス会議でなんども話しあいました。そして、クラス全体で楽しめることに取りくもう、ということになりました。

以前から子どもたちが夢中になっていたことがあります。それは、林の中にあるトトロの家を訪れる散歩です。なんども散歩で通っているうちに、どんぐりがたくさん落ちている白旗塚には「トトロが住んでいる」ということになっていたのです。林の中は木々が生い茂っていかにもトトロが出てきそうな雰囲気。子どもたちは一歩すすむごとにドキドキ・ワクワクと心を弾ませます。「お散歩どこへ行く?」と聞くと、口をそろえて「トトロー!」という声が返ってきます。その散歩をより楽しいものにしていこうということになりました。

サークル車を使わなくても散歩に行けるようになってからは、毎日のように白旗塚に通いました。白旗塚の階段を上り、山の斜面をすべりおりて林に入ると、大きな木の下にぽっかりと穴があいています。そこを「トトロのおうち」と名づけて、穴の中にドングリを入れたり、「トトロー」と呼んだり。子どもたち一人ひとりが、トトロに思いを寄せます。

近くにちいさなちびトトロのおうちも発見して、林の中を行き来してはトトロやネコバスを探しました。保育者が穴の中に手を入れて「ああっ! 今、トトロにさわったよ」と言うと、見えないトトロをイメージして、「寝てるのかな?」「おしっこしてるんだよ」などと、みんなで想像をふくらませて楽しみました。

また、とても高く見えた白旗塚の階段も「こわい」「危ない」と言いながらも、これを上ればトトロに会えるという思いから、少しずつ挑戦する姿が出てきました。子どもたちにとっては急な階段でしたが、なんども通ううちに上れるようになっていって、友だち同士で支えあう姿も見られました。

子どもたちがより深くトトロの世界に入りこめるよう、この取りくみをさらに豊かにしたいと考えました。そこで、毛糸でつくったまっくろくろすけを登場させることにしました。きょろきょろ目玉がついたまっくろくろすけは本当に映画の中から出てきたような感じです。

ある日のこと。「何かいるみたい」と保育者が穴の中に手を入れ、「つかまえた！」と、何か取りだしました。手を開くと、そこにまっくろくろすけが……。目を丸くして驚くYくん・Rくん・Kちゃん。Uちゃん・Sくんをはじめ月齢の低い子どもたちは「こわい」と、保育者の背中越しにのぞいたり、少し離れたところからようすをうかがっていましたが、慣れてくると、まっくろくろすけを捕まえたり、手の上に乗せたりして触れあいました。

やがて、クラス全体がまっくろくろすけに夢中になり、散歩に出ると、一目散にまっくろくろすけのところへかけていくようになりました。まっくろくろすけの登場で、「ここもあやしいね」「まっくろくろすけ、いるかな?」と子どもたちが遊びを展開させていくようになり、林での遊びが広がっていきました。

風が吹いて木々がガサガサと揺れると、上を見あげてまっくろくろすけを探します。割れたどんぐりを見つけると「まっくろくろすけが食べたんだ〜」と盛りあがったり、寒い日には落ち葉の布団を掛けてあげたりしました。

また、ときにはまっくろくろすけが遊びにきたという設定で、クラスの押入れや園庭に出現させてみたりもしました。

いつの間にか落ち着いてきた「かみつき」

一一月も下旬になって、保育者もこのトトロ散歩に夢中になりながら、「あれっ、そういえば最近かみつきがなくなったね」と気がつきました。友だち同士のトラブルはあるものの、いつの間にかかみつきがない状態になっていることに驚きました。

その後、子どもたちの成長に伴い、「貸して」「だめよ」と、ことばでのやりとりが出はじめました。とはいえ、寒さがきびしかったり体調のよくない子がいたりして散歩に出られないときは、以前ほどではありませんが、ふたたびかみつきが出たのですが……。

始まりは、かみつきの対応として、保育を見なおし、夢中になれる楽しい遊びはないかと考えた「トトロ散歩」と「まっくろくろすけの登場」でした。フワフワくろすけは、ちょっぴりこわくて、ふしぎで、ちっちゃくて、かわいくて、すぐに子どもたちは友だちになっていきました。

子どもたちの友だちへの関わりにも変化が生じてきました。散歩の途中で転んだ子に「大丈夫」と声をかけたり、白旗塚の階段では、上るのが遅い子に「迎えにきたよ」と手を差しのべる姿が多く見られるようになりました。なかまを意識するようになった子どもたちの成長を、とてもうれしく感じました。

この取りくみを通して、「担任同士で子どもの状態を把握すること」と「子どもたちの姿から保育を考えること」の大切さを学びました。そして何よりうれしかったのは、かみつきがまったくなくなったわけではないけれど、子どもたちの笑顔が増えてきたことです。

好きな遊びの広がりで、つながる子どもたち

愛知・第二めいほく保育園
武藤恵利子／細江由起子／神野早紀

一歳児すみれ組は一三名（うち一名は、発達に遅れのある二歳児）、年度の途中での退園、入園が多いクラスでした。そのため、よりいっそう保育士が子ども一人ひとりの思いに寄りそい、安心できる関係のなかで遊びを楽しんでいきたいと思いました。

簡単な「〇〇のつもり」「〇〇しているふり」の遊びが始まっていく一歳児期。好きな遊びを見つけてとことん遊ぶ力を土台に、保育士や友だちとつながりあえる簡単な「つもり遊び」をたくさんしていきたいと思いました。

前半期は一人ひとりの好きな遊びを見つけること、後半期はそれを友だちにつなげてい

くことを目標にしました。

一人ひとりの好きな遊びを見つける

赤ちゃん人形を手に、保育士が「このこどこのこかっちんこ……」とわらべうたを歌うと、同じように人形をゆらゆらさせてにっこり笑うCちゃん、Dちゃんはトントンとたたくまねをして、人形を寝かせてあげようとするなど、簡単な動作の模倣で月齢の近い友だちとつながるようになりました。このように、保育士を介して友だちとつながり、子ども同士でいろいろな遊びが出てくるようになりました。

食べるまねをして「からいよ」などと顔をしかめながら味を表現したり、「いってきまーす!」と、かばんを持ってお出かけ遊び。行ったり来たりする動きが楽しいようです。また、ブロックをケーキに見立てて誕生日会ごっこで盛りあがります。

そしてますます遊びが楽しくなり、広がっていきます。箱積み木を並べておふろごっこ。湯船の中で「いーち、にー、さーん……」と保育士が数を数えて、「じゅう!」でみんな積み木の湯船から出ます。

いすを並べてのバスごっこでは、初めはただ乗るだけだったのが、かばんや赤ちゃん人形を持って乗ったり、「切符でーす」と、保育士のまねをしてポットンおもちゃのメダルの切符を配って楽しんでいます。

遊びが続かないA君の姿

子どもたちが遊びを楽しんでいるときに、A君の行動でその遊びが中断してしまうことがたびたびありました。

たとえばいすを横に並べてバスごっこをしているとき。友だちが楽しんでいるようすを見てA君も入ってきたのですが、空いている席に座るのではなく、自分が運転手になりたくて先頭に座っている子を強引に引っぱって泣かせてしまいました。おばけのつもりになったときも、手加減ができず、いやがっている友だちを追いかけつづけて泣かせてしまったこともありました。

また、A君がブロックを積みあげて夢中になっているときにたまたま横を通った友だちに対しては、ブロックをとられるのではないかと警戒して、怒って押してしまう姿も多くありました。

おとなに対しても、自分のことを見てほしいという思いや甘えたい気持ちをうまく出せず、わざと叱られるようなことをして注意を引いたり、友だちに対しては、大きな声で迫ったり、「ダメー!」「ダメー!」と否定的なことばで関わっていく姿が気になりました。

とっさの場面では、まずA

君の乱暴な行動を止めることになりますが、「だめ」と止められるとよけい不安定になってしまいます。そこで、ただ「だめ」と言って止めるだけでなく、「○○したかったんだね」と、A君の思いを代弁するようにしました。また、おとなに向けた甘えたい気持ちをくみとって、保育士がじっくり遊びに付きあったり、不安を感じているときは保育士のひざで過ごすようにするなど、A君の思いに寄りそって、A君が安心できるような関係づくりを心がけました。

友だちとの関係では、友だちと関わりたいという気持ちを素直に出せるようになってほしいし、「友だちといっしょだから楽しい」と感じられるようになってほしいと思い、友だちといっしょにやって「楽しかった」と感じられる遊びはないものかと考えていました。

おばけから始まった追いかけ遊び

秋には、繰りかえし公園へ散歩に行きました。たまたま落ちていたゴム手袋を見つけて、子どもたちは興味津々のようすで近寄っていって、しげしげと眺めていました。ちょうどおばけの絵本を繰りかえし読んでおばけが大好きになっていた子どもたちだったので、保育士が「おばけの手かな?」と言いながらゴム手袋を拾い、「おばけだぞー、おしりをぺろぺろしちゃうぞー」と追いかけはじめました。子どもたちはもう一人の保育士といっしょに喜んで逃げていきます。しばらく楽しんでいるうちにA君は本当にこわくなってしまったようなので、その日はゴム手袋を草陰にかくし、そこでおしまいにしました。

次の日もまた公園に行きました。きのうかくしておいた場所をおぼえていて、ゴム手袋を探すことを楽しむ子どもたち。こんどは子どもが拾ってきて、保育士がやったのと同じように「おばけだぞー」というかのようにゴム手袋を持って走りだしました。

その子には、はっきりおばけというつもりがあったわけではないとは思いますが、「これを持って走るとみんな逃げていく」ということがわかって、楽しんでいるようすでした。お友だちがおばけ役になることで、保育士がやったときよりもこわくなりすぎず、繰りかえし追いかけっこを楽しめました。

A君も、保育士と手をつないでいっしょに逃げることで、遊びに入ってこられました。みんなでいっしょにやって「楽しい」と感じているようすを見て、うれしくなりました。

サンタさんごっこでつながりあう姿

冬を迎えたころ、友だちと関わりたい気持ちはより大きくなっているのに、なかなか快く関われないA君の姿がありました。

クリスマス会の翌日のことです。A君はいつものように保育士のひざに座って絵本を読んでもらっていましたが、Bちゃんが登園してくると、近づいていって「ダメ！」と言ったり、「ガウ！」と威嚇するようにこわい目つきで見たりしています。近くにいた保育士が「A君、絵本、見ようよ」と声をかけ、間に入りました。

登園時に「ダメ！」と言われることが続いていたので、気持ちが落ちこんでしまったBちゃん。楽しい気持ちになってほしいと、Bちゃんの好きなクリスマスのうたを歌って乾杯のやりとりを楽しみました。Bちゃんの機嫌も直ってきて、ジュースで「カンパーイ」をしていると、A君が「どーぞ」と言って保育士に何かを手渡す動作をしてきました。すぐに、前日のクリスマス会でサンタさんがやったことをまねていることに気がつきました。「ありがとう、A君サンタさん。サンタさ〜ん、握手して」と声をかけると、ニコッと笑って戻ってきて、うれしそうに握手をしました。

Bちゃんもうれしそうに見ています。そこで「Bちゃんもプレゼント欲しいみたいだよ」と声をかけると、こんどはBちゃんのところにも、そばにいた子のところにも行って「どーぞ」と渡す動作をするA君サンタさん。サンタさんはどの子にとっても心ウキウキする存在なので、友だちも笑顔で受けとっています。

友だちのうれしそうなようすにますますはりきったA君。赤い袋を持ってきて、「やって！」（頭にかぶせてほしいというように）と、保育士のところに来ました。頭にかぶるにはちいさすぎるのですが、どうにかのせると、とても満足そうでした。

そんなようすを見ていたBちゃんやほかの子も、いっしょにサンタさんのまねをして、プレゼントを配ったり握手をしたりして楽しみました。これまでだったら、自分だけがサンタさんでなければいやというA君でしたが、この日からは、友だちがサンタさんになることも、受けとめられるようになったのです。

次の日も繰りかえし「サンタさんごっこ」を楽しみ、一月に入ってからも、うれしそうにいろいろなものを友だちに配る姿がありました。みんなにとっても「サンタさん」は魅力的でわかりやすい存在だったこと、「プレゼントを渡して握手をして帰っていく」という動作も共通のイメージをもちやすかったので、友だち同士つながって遊ぶことができたのではないかと思います。

A君にとっては、自分の思いを友だちにも受けとってもらうことができたので、十分に楽しめたのではないかと思います。友だちとつながって「サンタさんごっこ」を繰りかえし遊んでいるうちに、相手を威嚇してしまうような関わり方は少なくなってきて、だんだん、友だちといっしょに生活再現遊びを楽しめるようになっていきました。

変わっていったA君の姿

一月になりました。A君は、ペットボトルやチェーンをおわんに入れたものを机に並べて、「いらっしゃい、いらっしゃい！」と、まるでお店やさんごっこのようです。A君が並べおわる前に誰かが持っていこうとすると、「まだ！」と怒ります。そんなときは保育士が間に入って、「お店やさん、まだかなあ？　もういいかなあ？」「もういいかーい！」などと子どもたちといっしょに、A君が並べおわるのを待ちます。準備ができると、「いらっしゃい、いらっしゃい！」と、どのおもちゃもとても気前よく配ってくれます。保育士が「そんなにあげてもいいの？」と思うほどで、以前のA君からは想像もつかない姿でした。

節分が終わったあとの「鬼遊び」を楽しんでいたとき、A君は鬼のお面をつけて友だちといっしょに「鬼だぞ～！」と鬼になりきっていました。保育士や友だちに豆を投げるふりをされても怒ることなく、「いてててー」と逃げていくA君。

このように、前半期だったら怒って遊びが中断してしまっていたような場面でも、友だちとつながって遊べるようになってきたのです。

友だちを意識しはじめる一歳児期だからこそ

子どもたちそれぞれの好きなこと，サンタさんや鬼などイメージしやすくつもりになりやすいものから、遊びを出発させることと、保育士が、子ども一人ひとりのイメージをキャッチしてほかの子につなげていくことに、気持ちを注いできました。

後半期に入ってからは、保育士が提供する遊びではなく、子どもが自分で遊びはじめ、その楽しそうなようすを見て、ほかの子が自分からその遊びに入っていく姿が多く見られるようになりました。

〇〇のつもり、〇〇しているふりの遊びは、動作の模倣で響きあうことはもとより、ここで紹介した例のように、「手袋（おばけの手）を持って追いかけると相手は逃げる」「何も持っていないけど、プレゼントを渡すと相手はうれしそうにありがとうと言う」など と、決められたパターンで、友だちが期待どおりの反応をしてくれることが楽しいのではないかと思います。同時に、きっとそういう反応をしてくれるだろうという期待がふくらむ楽しさもあるのではないかと思います。

友だちを意識しはじめる一歳児期だからこそ、友だちを求めトラブルも起こります。友だちを意識することで、よけい関わり方に困っていたA君。乱暴な態度やことばでの関わり方にかたよってはいましたが、それも、A君のなかにある友だちと関わりたい気持ちの表れだと、受けとめてきました。そしてA君の「サンタさん」を友だちが受けとめてくれたことで、友だちとの楽しい関わりが増えていき、より楽しい遊びが展開していった姿から、たくさん学びました。とりわけ、一歳児期には、子ども一人ひとりの思いを保育士がていねいにくみとり、その子が楽しめることをつかみ、それを友だちにつなげていくことが、とても大切なことなのだと感じました。

保育のきほん
ゼロ・1歳児

2009年8月10日　初版第1刷発行
2016年4月20日　　　第5刷発行

編集――――『ちいさいなかま』編集部

発行――――ちいさいなかま社
〒162-0837 東京都新宿区納戸町26-3
TEL 03-6265-3172（代）
FAX 03-6265-3230
URL http://www.hoiku-zenhoren.org/
発売――――ひとなる書房
〒113-0033 東京都文京区本郷2-17-13　広和レジデンス101
TEL 03-3811-1372
FAX 03-3811-1383
Email:hitonaru@alles.or.jp

印刷所――――光陽メディア

ISBN978-4-89464-137-2 C3037

イラスト――――近藤理恵

ブックデザイン――阿部美智（オフィスあみ）